AI 덕분에
오늘도 칼퇴합니다

아직도 챗 GPT만 사용하시나요?

일잘러 구 대리의
AI 8종 실전 노트

AI
덕분에
오늘도
칼퇴
합니다

박소이 지음

비전코리아

AI 교육의 가장 큰 장벽은 어렵고 복잡하다는 선입견인데, 이 책은 그 벽을 과감히 허물었습니다. 저자는 AI 기술을 구 대리라는 캐릭터를 통해 직장인의 일상 언어로 풀어내며, 이론보다 즉시 실천할 수 있는 실용적인 방법에 집중합니다.

교육자로서 가장 공감되는 부분은 이론이 아닌 실천 중심의 접근법입니다. 직장인들이 주저하지 않고 바로 시작할 수 있도록 단계별 지침을 제공한 점이 특히 인상적입니다. 저자의 풍부한 교육 경험이 책 전반에 녹아 있어 복잡한 AI 개념들이 독자들에게 친숙하게 다가옵니다.

이 책은 업무 효율을 높이고 창의적인 변화를 만들어가고 싶은 모든 직장인에게 든든한 지침서가 되어줄 것입니다. 직장 생활을 더 효율적이고 창의적으로 만들고 싶은 모든 분께 자신 있게 추천합니다.

신승인 _ AI융합교육연구회 회장

올해 100권의 책을 샀는데 끝까지 다 읽은 건 이 책 1권뿐입니다. 정시 퇴근하는 사람과 야근하는 사람의 차이는 가방 속에 이 책이 있느냐 없느냐의 차이! 소설처럼 재밌게 읽다 보면 나도 모르는 사이에 일잘러가 되어버리는 마법의 책을 만났습니다. 이 책 1권이면 AI 종합 세트가 뚝딱! 내 손안에 들어옵니다. 이 책을 통해 "칼퇴하고도 일잘러 소리 듣는" 직장인의 꿈을 이루어보세요. AI는 '배우는' 게 아니라, '활용하는' 겁니다.

페이퍼로지 _ 기획 분야 1위 25만 구독자 유튜버

어려운 기술을 쉽게 전달하려면 많은 고민이 필요합니다. 이 책에는 그 고민의 시간이 담겨 있습니다. 작가의 고민 덕분에 독자는 순식간에 실용적인 인사이트를 얻어갈 수 있습니다. 책 속의 등장인물에게 감정이입하며 재밌게 읽다 보면 AI가 재밌게 느껴지실 거예요. 빠르고 복잡한 세상에서 더 발전한 내가 되고자 하는 분에게 추천합니다.

최원영 _ 《비전공자를 위한 이해할 수 있는 IT 지식》 저자

쓰고 텁텁한 에스프레소 같은 직장 생활. AI라는 부드럽고 따뜻한 우유를 더하면 어떻게 변할까요? 이 책은 그 답을 소설 속 이야기로 자연스럽게 풀어냅니다. AI를 활용해 더 스마트하게 일하는 법. 그리고 그 과정에서 성장하는 나 자신을 발견하는 즐거움을 선사하는 책입니다.

유영걸 _ 카카오 기획자

빠르게 변하는 AI 시대. 어디서부터 어떻게 시작해야 할지 막막한 직장인에게 이 책을 강력히 추천합니다. 매일 칼퇴하는 후배에게 AI 활용법을 배우는 이야기가 소설처럼 쉽게 읽히지만, 담긴 정보는 결코 가볍지 않은 알짜배기 AI 가이드북입니다. 이야기를 따라가다 보면 어느새 그 누구도 모르게 '일잘러'가 되어 있는 자신을 발견하게 될 것입니다.

정나래 _ 카카오 테크니컬라이터

IT 기업에서 사내 교육을 기획하는 평범한 직장인인 저는 재작년, 1년간의 육아휴직을 마치고 복직했습니다. 저는 이전과는 완전히 다른 세상을 마주하게 되었어요. 챗 GPT, 프롬프트, 생성형 AI……. 매체와 단절되어 있던 제게는 모두 생소한 단어들이었죠. 이제 겨우 아이와 일을 양립하는 법을 배워가는 중인데 AI 공부까지 해야 하다니, 너무 가혹하게 느껴졌습니다. 뭘 모르는지도 몰라서 무엇부터 공부해야 할지도 알 수 없더라고요.

AI가 당신의 일을 대체하진 않습니다.
AI를 사용할 줄 아는 사람이 당신의 자리를 대체할 뿐입니다.

그때 유튜브 알고리즘을 통해 본 이런 문구가 저에게 얼마나 무겁게 다가

왔는지 모릅니다. 참고로 이 말은 미래학자인 제이슨 솅커Jason Schenker가 한 말이라고 하네요. 마치 AI를 당장 익히지 않으면 도태될 것만 같은 압박감이 밀려왔어요. 동료들이 새로운 것을 배울 수 있도록 교육을 설계하는 일을 하면서도 정작 저는 이 거대한 변화 앞에서 한 걸음도 내딛지 못하고 있었습니다.

그러다 저와 비슷한 고민을 하는 동료들과 점심시간에 작은 스터디 모임을 시작하기로 했어요. 육아와 일에 지친 워킹맘, 워킹대디들이 짬을 내어 모였죠. 스터디 모임이라고 하지만 대단한 건 아니었어요. 모임의 이름은 '꿈지락'. 점심시간에 모여서 도시락을 먹으며 다양한 생성형 AI 도구들을 함께 소소하게 써보기로 했어요. 글, 그림, 데이터 분석, 영상 제작, 자동화, 코딩 등 새롭게 쏟아지는 도구들이 많아서 지루할 틈이 없었습니다. 하지만 혼자였다면 금방 포기하고 말았을 거예요. AI를 각자 업무에 적용시켜본 이야기는 물론, 자녀들을 위한 동화책을 AI로 만들어볼 수 있을까, 향후 커리어는 어떻게 쌓아 나가야 할까 등 서로의 일상에 공감하고 고민을 응원해주는 그 시간들이 있었기에 AI에 대한 마음의 허들을 지울 수 있었어요.

이 책은 그때의 우리와 비슷한 고민을 하고 있는 직장인들을 위해 쓴 이야기입니다. 옆자리 동료들과 수다를 떨듯 편하게 읽어주세요. 이 책이 평범한 직장인들에게 작은 위로와 용기가 되었으면 합니다. 사실 저 역시 AI가 우리의 미래를 어떻게 바꿀지 모르겠어요. 다만 책을 덮는 순간, 적어도 당신의 내일이 조금은 달라져 있기를 바랍니다.

모두가 떠난 자리에
항상 나만 남아 있었다

"앗, 잠깐만. 지금 출발하면 안 돼!"

구래는 지하철역 계단을 두 칸씩 뛰어 내려가며 소리쳤다. 하지만 그의 목소리는 무심한 역사에 흡수되어 사라졌다. 기계적인 안내 방송, 그리고 쉬이익 하는 소리와 함께 지하철 문이 닫혔다. 손끝이 닿을 듯한 거리였다. 그는 숨을 헐떡이며 멈춰 섰다. 유리문 너머로 무심히 출발하는 지하철을 바라보며 구래는 생각했다.

'내 인생은 매번 놓치는 지하철 같다. 남들은 모두 탑승해 떠나가는데, 나만 승강장에 홀로 남겨진다. 조금만 더 서둘렀더라면, 조금만 더 빨리 뛰었더라면 나도 탈 수 있었을까?'

이마에 맺힌 땀을 닦으며 한숨을 내쉬었다. 스크린도어에 비친 자신의 모습이 눈에 들어왔다. 흐트러진 머리, 헐떡이는 숨, 그리고 지친 표정. 어느새

서른일곱이 된 자신의 모습이 낯설게 느껴졌다.

구래는 다음 열차를 타고 미팅 장소인 카페로 허둥지둥 뛰어 들어갔다. 약속 시간을 5분 정도 애매하게 넘긴 시점이었다. 카페를 둘러보니 구석에 앉아 시계를 보며 인상을 찌푸리고 있는 사람이 보였다. 먼저 와서 기다리고 있는 디자인 외주업체 대표였다.

"죄송합니다! 지하철이 갑자기 지연되어서……."

구래는 어설픈 변명을 늘어놓으며 서둘러 가방에서 명함을 찾았다. 허둥대던 손이 미끄러지면서 명함이 바닥으로 떨어졌다. 구래는 얼른 집어 들고 어색한 미소와 함께 명함을 내밀었다

"안녕하세요, 노말푸드 마케팅팀 구양구래 대리입니다."

디자인 외주업체 대표는 구래의 이름을 듣고는 눈썹을 살짝 올렸다.

"네? 그냥그래요?"

구래는 미소를 지었다. 익숙한 반응이었기에 준비된 답이 자동으로 나왔다.

"하하하. 구, 양, 구, 래입니다. 뭐든 어설프다고 주변에서 그냥그래라고 부르긴 합니다."

"아, 그래요"

억지로라도 분위기를 풀어보려고 한 농담이지만, 상대는 싱겁게 반응했다. 늘 그렇다. 이 농담에 폭소가 터진 적은 단 한 번도 없었다.

사실 그의 이름에는 부모님의 원대한 뜻이 담겨 있었다. 아버지의 '구^具'와 어머니의 '양^楊'을 이은 구양^{具楊}, 여기에 '다가올 미래를 준비하라'는 의미의 '구래^{具來}'를 더했다. 시대를 앞서가는 사람이 되기를 바라는 부모의 기원이 담긴 귀한 이름이었다.

"자, 대표님! 그럼 어제 전달해주신 착달스파클링 홍보 콘텐츠 시안 이야기부터 해볼까요?"

구래는 어색한 분위기를 바꾸려 가방에서 태블릿을 꺼냈다. 하지만 이번에도 이어폰이며 메모지, 각종 영수증이 우수수 쏟아졌다. 허둥지둥거리는 구래를 보며 디자인 외주업체 대표는 속으로 걱정했다.

'이번 프로젝트 과연 잘될 수 있을까……'

미팅을 마치고 사무실로 돌아오니 시계는 8시를 가리키고 있었다. 사무실에는 아무도 없었다.

책상 위에는 팀장이 퇴근하면서 남긴 메모가 덩그러니 남아 있었다.

구 대리, 내일 주간 미팅 전까지 기획서 수정안 부탁해.

구래는 말없이 의자에 앉아 노트북을 켜고는 모니터를 멍하니 바라봤다.

눈은 충혈됐고, 어깨는 뻐근했다.

"지하철도 늦고, 약속도 늦고, 퇴근까지 늦네……."

커서가 깜빡이는 화면을 바라보며 한숨을 내쉬었다.

"이번 기획서도 그냥 그런가?"

야근은 일상이 됐다. 칼퇴는 꿈 같은 이야기였다.

그러나 그는 알지 못했다.

AI 덕분에 그 꿈이 더 이상 꿈이 아니게 될 거라는 것을.

노말푸드 마케팅팀을 소개합니다!

구양구래

(주인공 / 37세 / 마케팅팀 기획자 / 대리)

일하기는 싫지만 일은 잘하고 싶은 평범한 직장인

- **성격 |** 뭐든 대충하는 성격으로 빈틈이 많은 편. '그래도 애는 착해'의 정석
- **취미 |** 퇴근 후 넷플릭스 보며 아이스크림 먹기, 웹툰 보기
- **이름의 의미 |** '준비할 구(具)'와 '미래 래(來)'. 다가올 미래를 준비하라는 뜻

김민지

(후배이자 멘토 / 25세 / 마케팅팀 기획자 / 신입 사원)

활발하고 트렌디한 Z세대 신입, AI 활용 능력자

- **성격 |** 어떤 일이든 적극적으로 참여하는 편이며, 어린 나이지만 소신과 강단이 있음
- **취미 |** 최신 AI 트렌드 학습하기, 달리기를 좋아하며 러닝 동호회 회장을 맡고 있음

최태준

(55세 / 마케팅팀 관리자 / 팀장)

스페셜푸드에서 20년간 근무하다가 경쟁에서 밀려 노말푸드로 이직한 인물

- **성격 |** 자신은 실리콘밸리형 리더라고 생각하지만 전형적인 꼰대형 리더
- **취미 |** 내기 골프

이지연

(33세 / 마케팅팀 디자이너 / 대리)

중소기업에서 근무하기엔 본인 스스로 아깝다고 생각하며 은근히 구양구래를 무시하는 인물

- **성격 |** 순해 보이는 얼굴로 앞에선 웃지만 뒤에선 험담을 일삼는 편
- **취미 |** 오마카세 다녀와서 인스타그램에 자랑하기

차례

Part 1   AI? 시작은 마음의 허들 넘기

1장. 더는 물러설 곳이 없다

2장. AI 3대장, 앞으로 잘 부탁해

Part 2 일, 덜하고도 더 잘할 수 있어!

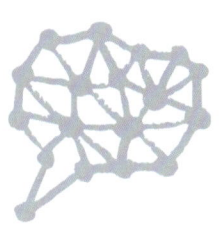

Part **1**

AI?
시작은
마음의 허들 넘기

1장

더는
물러설 곳이 없다

내 기획안이 그냥 그렇다니……

"칼로리는 착하게, 맛은 달달하게."

　노말푸드의 신제품 '착달스파클링'은 출시 전부터 회사의 기대를 한데 모았다. 자연주의를 강조하는 브랜드 이미지와 잘 어우러지는 부드러운 탄산과 은은한 배 맛이라는 특징으로 많은 사람들의 관심을 끌 것으로 기대됐다. 게다가 대중적 인기를 얻고 있는 인플루언서 유서진을 전속 모델로 계약할 계획이었다. 그런데 제품 출시를 한 달 앞두고 청천벽력 같은 소식이 날아들었다.

"유서진이 경쟁사 스페셜푸드로 넘어갔대요."

"뭐? 이미 계약 다 끝난 줄 알았는데?"

"스페셜푸드에서 출연료를 더블로 제시했다더라. '헬스 리프레시' 캠페인 얼굴로 나간대."

스페셜푸드의 움직임은 치밀했다. 비슷한 콘셉트의 음료 '헬스 리프레시'를 출시하면서 유서진 등 대형 인플루언서들을 앞세워 공격적인 마케팅에 나선 것. 이대로라면 노말푸드의 신제품 출시 소식은 묻혀버리고 말 것이다.

그리고 그날, 마케팅팀에 또 다른 악재가 떨어졌다.

"예산도 줄었답니다. 절반으로."

회의실은 침울한 공기로 가득 찼다. 최태준 팀장은 고민으로 밤을 지새웠는지 수염이 거뭇거뭇하게 자라 있었고 머리도 헝클어진 모습이다. 아무도 입을 열지 못하는 가운데 팀장은 크게 기대하지 않는 눈치이지만 혹시나 하는 마음에 착달스파클링 마케팅 담당을 맡은 구양구래에게 물었다.

"구 대리, 마케팅 전략 한번 이야기해봐."

최 팀장이 묻자 구래는 긴장한 표정으로 노트북을 연결하며 말했다.

"네, 팀장님. 비용을 줄이는 방향으로 현실적인 대안을 준비해봤습니다."

PPT 화면에 '착달스파클링 SNS 마케팅 전략'이라는 제목이 떴다.

"우선, SNS 기반의 바이럴 캠페인을 중심으로 진행하려고 합니다."

1. 브랜드 인스타그램에 착달스파클링 게시물 업로드

2. 구매 인증샷 리그램 이벤트

3. 착한 하루 챌린지 해시태그 캠페인

최 팀장은 팔짱을 낀 채 무표정한 얼굴로 PPT 화면을 바라봤다. 발표가 끝나자 그는 책상에 손을 올리고 한숨을 내쉬었다.

"구 대리, 진짜 이게 다야?"

구래는 당황한 얼굴로 물었다.

"네, 팀장님. 예산을 줄이는 상황에서 가능한……."

"이거 다 뻔하잖아. 구매 인증샷? 해시태그 챌린지? 자네 이름처럼 기획안도 그냥 그래! 대학생도 이 정도는 만들겠다."

회의실에서 웃음소리가 들려왔다. 평소에도 은근히 구래를 무시하던 마케팅팀 디자이너 이지연 대리였다. 지연의 웃음소리에 최 팀장은 그만 이성의 끈을 놓아버린 듯, 회의실이 떠나가라 고함을 지르기 시작했다.

"지금 웃음이 나와! 스페셜푸드가 어떻게 마케팅하는지 봤어? 모델도 뺏기고, 챌린지도 인스타며 틱톡이며 난리도 아니야. 그런데 우리는 이런 식으로 가겠다는 거야? 진짜 다들 아무 대안도 없는 거야?"

회의실이 싸늘해졌다. 시계침 소리만 째깍째깍 들릴 뿐…….

'예산이 부족한데 뭐 어쩌라는 거야.'

'오늘 점심은 뭐 먹지?' '

'팀장님 오늘 머리 안 감으셨나? 냄새나는 듯.'

심각한 표정으로 고민하는 척하고 있지만 해결할 수 없는 문제라고 생각했기에 다들 그저 이 시간이 빨리 지나가기만을 기다리고 있었다. 팀장 역시 별다른 대안이 없는 듯 그저 화풀이를 한 뒤 노트북을 탁 덮었다. 회의를 끝내자는 신호였다.

요즘 트렌드는 AI 마케팅이라고?

그때 회의실 구석에 앉아 있던 신입 사원 민지가 손을 살짝 들며 말했다.

"팀장님, 제가 조금 다른 접근 방식을 제안해도 될까요?"

회의실에 앉아 있는 사람들의 시선이 모두 그녀에게 쏠렸다. 점심시간을 앞두고 회의가 길어질 것 같은 상황이 불편한 듯, 팀원들의 표정이 싹 굳었지만 민지는 차분히 말을 이었다.

"모델 계약이 불발된 상황에서 꼭 유명인을 고집할 필요는 없다고 생각합니다. 대신, 세 명의 새로운 모델을 제안드립니다."

콘셉트 1 몽환적이면서도 맑은 느낌의 모델

민지가 처음 화면에 띄운 것은 어딘가 몽환적이면서도 맑은 느낌을 가진 독특한 이미지의 모델이었다.

"각기 다른 콘셉트로 준비해봤습니다. 첫 번째로 착달스파클링의 브랜드 이미지에 어울리는, 깨끗하면서도 신선한 느낌이 나는 모델입니다."

처음 보는 모델의 이미지를 보며 구래를 비롯해서 모든 사람들이 수군거리기 시작했다.

"저 모델 누구야?"

"어디서 많이 본 것 같은데…… TV에 나왔었나?"

최 팀장은 말없이 모델의 이미지가 떠 있는 화면을 지그시 바라보다가 고개를 살짝 까닥였다. 민지는 다음으로 넘기라는 신호를 눈치 빠르게 이해하고 다음 모델로 화면을 넘겼다.

콘셉트 2 자기 관리 잘하는 Z세대 직장인 모델

"두 번째 모델은 직장인 타깃 광고에 어울리는 여성의 이미지입니다. 요즘 Z세대들은 자기 관리에 정말 관심이 많지요. 착달스파클링을 마시는 이상적인 직장인 이미지에 어울릴 것 같습니다."

커다란 눈망울에 깔끔한 인상이 돋보이는 이미지의 모델이었다. 요즘 인기 많은 아이돌 같기도 하고 배우 같기도 한 모델의 모습은 누구에게나 한 번에 호감을 줄 수 있을 것 같았다. 하지만 예산이 부족한 상황에서 모델 포트폴리오를 줄줄이 꺼내는 민지를 보면서 눈치 없다고 생각한 지연은 아무래도 아니다 싶었는지 민지의 발표를 막아섰다.

"민지 씨, 아무리 신입 모델이라고 하더라도 지금 예산이 부족한 상황인 걸 생각했어야지요."

지연의 말에 모두들 고개를 끄덕이며 맞장구쳤다. 지연은 팀원들이 수긍

하는 반응에 살짝 상기되어 말을 이어 나갔다.

"이미지가 괜찮은 모델들을 잘 골라오긴 했는데…… 지금 회사 상황을 고려하지 않은 게 좀 아쉽네요. 그래도 그냥 그런 기획안보다는 괜찮은 제안이었어요."

이 와중에도 자신의 기획안을 어떻게든 깎아내리려는 태도에 진절머리가 난 구래는 지연을 슬쩍 흘겨봤지만 지연은 전혀 나쁜 의도가 없다는 듯 순진한 표정을 짓고 있었다. 지연이 딴죽을 걸어오는데도 불구하고 민지는 아무런 타격도 받지 않았다는 듯 가볍게 무시하고 화면을 넘겼다. 화려한 네온 사인으로 가득 찬 배경을 뒤로하고 판타지 여전사 같은 이미지의 모델이 착 달스파클링을 들고 서 있는 모습이 나타났다. 다들 화면을 보며 눈이 휘둥그레졌다. 민지의 당찬 목소리가 이어졌다.

"마지막으로 제안드리는 모델입니다."

콘셉트 3 톡톡 튀는 개성의 사이버틱 이미지의 모델

회의실은 일순간 조용해졌다. 팀원들은 다들 어리둥절한 표정으로 서로를 바라봤다. 민지는 미소를 지으며 천천히 말했다.

"눈치채신 분들도 계시겠지만 이 모델들은 실제 사람이 아닙니다. 제가 회의 시간 전에 만든 AI 기반 가상 모델이에요."

사실 아무도 눈치채지 못했지만 다들 알고 있었다는 듯, 서로 슬금슬금 바라보며 고개를 끄덕였다.

"섭외 비용은 0원입니다."

민지는 자신감 있는 목소리로 계속해서 설명했다.

"현재 AI 광고는 국내 대기업이며 글로벌 브랜드들이 앞다퉈 도전하고 있는 분야예요. 잘 활용하면 AI 기술은 우리가 찾던 파급력과 비용 절감을 동시에 이룰 수 있는 방법이 될 겁니다."

민지는 태블릿을 들어 보이며 국내 대기업의 성공 사례를 설명하기 시작했다.

"서울우유는 'A2+ 우유' TV 광고에 AI 딥페이크 기술을 적용해 배우 박은빈과 그녀를 쏙 빼닮은 세 명의 아역 모델을 등장시켰습니다."

자연스러운 아역 모델들의 모습을 보며 배우 박은빈과 참 많이 닮았다고 생각했을 뿐, AI 기술이 적용된 모델이라고는 전혀 생각하지 못했던 구래는 눈이 휘둥그레졌다. AI 모델이라고 하면 불쾌한 골짜기처럼 뭔가 티 나고 어딘가 어색할 거라고 생각했던 자신이 트렌드에 많이 뒤떨어졌구나 하는 생각이 들어 괜히 머쓱해졌다.

"글로벌 브랜드들은 더 과감한 시도를 하고 있어요. 코카콜라의 '마스터피스Masterpiece' 광고를 보셨나요?"

민지가 태블릿으로 영상을 보여주자 사람들의 시선이 집중됐다.

"미술관을 배경으로 하는 이 광고는 그림 속 캐릭터가 앤디 워홀의 작품 속 콜라를 꺼내서 다른 그림 속 인물에게 건네는 것으로 시작돼요. 재미있는 건 콜라 병이 각 명화의 스타일에 맞춰 계속 변한다는 거예요. '스테이블 디퓨전Stable Diffusion'이라는 AI 기술을 활용해서 각 예술 작품의 고유한 스타일로 콜라 병을 재해석한 거죠."

생각하지 못했던 내용의 제안에 어떻게 반응해야 할지 눈치를 보느라 다들 아무 말도 하지 못하고 있었다. 그때 최 팀장이 처음으로 짧지만 긍정적인 반응을 보였다.

"재밌네. 계속 해봐."

최 팀장의 말에 자신감이 붙었는지 민지는 마치 준비라도 한 것처럼 태블릿 속 폴더를 하나 더 열며 설명을 이어 나갔다.

"하인즈의 실험도 정말 흥미로워요. '달리 2DALL-E 2'라는 AI 툴에 브랜드 이름을 전혀 넣지 않고 그냥 '케첩'이라고만 입력했는데도 하인즈 케첩 병과 비슷한 이미지를 계속 그려냈거든요. '케첩은 반드시 하인즈여야 한다It Has to be Heinz'는 걸 AI가 증명해준 셈이죠."

최 팀장이 몸을 앞으로 기울이며 고개를 끄덕였다. 흥미롭다는 표시였다.

"흠, 결국 AI를 쓰더라도 브랜드의 본질을 잘 살린 사례들이군."

"그래서 우리도 시대의 흐름에 따라 AI를 활용한 마케팅을 고민해보면 어떨까 조심스럽게 제안해봅니다."

민지의 발표가 끝나자 최 팀장은 그제야 환하게 웃으며 이야기했다.

"나쁘지 않은데? 구 대리 생각은 어때?"

구래는 본인이 무시당하고 후배인 민지가 인정받는 듯한 이 상황이 달갑지 않았지만 애써 미소를 지어 보였다.

"네……, 좋은 아이디어네요."

최 팀장은 구래와 민지를 번갈아 바라보다 말했다.

"구 대리가 민지 씨 사수였지? 마침 잘됐네. 둘이 같이 이 방향으로 한번 진행해봐. 다음 주 주간 미팅 때까지 새 기획안 작성해서 가지고 와."

동료들도 하나같이 민지를 칭찬하며 회의장의 분위기는 금세 화기애애해졌다. 지연은 아무렇지도 않은 표정을 지으려고 애썼지만, 내심 당혹스러웠다. 그녀는 지난 6개월간 팀장에게 제안한 세 개의 디자인 전략안이 모두 보류되었던 것을 떠올렸다. 그런데 신입이 던진 아이디어가 이렇게 쉽게 받아들여지다니. 그녀는 자신의 열등감을 감추기 위해 구래에게 괜히 시비를 걸었다.

"그래, 우리 똑똑한 민지 씨가 구 대리님 좀 많이 도와줘, 응?"

구래 역시 아무렇지도 않은 듯, 커피를 홀짝 마셨지만 속이 부글부글 끓는 것 같았다.

'뭐? 민지 씨가 나를 도와? 참 나……. 그래도 내가 대리인데 신입한테 배우라는 소리야? 어이가 없네……. 방금 민지 씨가 웃는 것도 날 무시하는 것

같았어. 진짜 열받네.'

구래는 회의가 끝나자마자 자신의 자리로 돌아왔다. 사무실이 어쩐지 낯설게 느껴졌다. 10년 넘게 봐온 풍경인데, 오늘따라 모든 게 달라 보였다. 어린 직원들은 태블릿으로 무언가를 척척 해내고, 모니터 속 차트들은 실시간으로 변화하고……

컴퓨터 화면을 뚫어지게 바라보는데 주변 사람들의 시선이 온통 자신에게 쏠리는 것만 같다. 특히 지연의 빈정거리는 웃음소리가 아직도 귓가에 생생하게 맴돌았다.

연차 쌓인 대리의 기획안보다 신입 사원의 아이디어가 더 빛났던 오늘 아침 회의를 떠올리며 구래는 노트북을 당겨 와 자신의 PPT를 다시 열어봤다. '착달스파클링 SNS 마케팅 전략'이란 제목이 초라해 보였다. 예전 같았으면 그럭저럭 통과됐을 기획안. 하지만 오늘따라 구태의연하게만 느껴졌다. 막막함이 밀려왔다.

'대체 뭐부터 시작해야 하지?'

구래는 무작정 검색창을 열었다.

직장인이 많이 쓰는 AI

Chat GPT, Google Gemini, Perplexity AI, Mid Journey, Claude……

줄줄이 나열되는 검색 결과를 보며 한숨이 절로 나왔다.

Part1. AI? 시작은 마음의 허들 넘기

'뭐부터 시작해야 할지도 막막하다. 진짜 민지 씨한테 도와달라고 해볼까.'

같은 시간, 자신의 자리로 돌아온 지연은 슬쩍 핸드폰을 꺼내 'AI 디자인 도구'를 검색했다. 오전 회의에서 언급된 내용이 자꾸 신경 쓰였기 때문이다. 검색 결과에는 수많은 유튜브 영상들이 나타났다.

"미드저니Midjourney로 10분 만에 로고 만들기", "디자이너를 대체할 달리 사용법", "디자인 초보도 쉽게! 스테이블 디퓨전 튜토리얼", "어도비 파이어플라이Adobe Firefly로 디자인 시간 절반으로 줄이기" 같은 제목들이 화면을 가득 채웠다.

'아, 뭐가 이렇게 많아.'

새로운 정보들이 쏟아지자 머리가 아픈 듯 지연은 인상을 찌푸렸다. 바로 그때 인스타그램 알림이 울렸다. 남자친구와 다녀왔던 오마카세를 자랑하는 사진에 친구가 '좋아요'를 누른 것이다. 곧이어 '어디야? 완전 부럽다'라는 메시지가 도착했다. 지연의 얼굴에 그제야 만족스러운 미소가 번졌다. 예상보다 많이 받은 '좋아요'와 부러워하는 댓글들을 보며 지연은 마음의 위안을 얻었다.

'뭐, AI는 나중에 시간 날 때 한번 봐야겠다.'

자존심 내려놓고 신입에게 배울 용기를 내다

머리가 지끈지끈해진 구래는 커피를 뽑아 들고 사내 카페 구석자리에 앉았다. 뭐라도 해야 할 것 같아 혼자 커피를 마시며 유튜브를 켰다. '초보자를 위한 챗 GPT 활용법' 영상을 보는데, 여전히 모든 게 외계어처럼 느껴졌다. 모든 게 막막했다.

"민지 씨, 오늘 발표 진짜 대단했어. 나 정말 깜짝 놀랐다니까. 그나저나 언제 그렇게 준비했어? AI로 모델까지 만들다니."

그때 뒤쪽 테이블에 민지와 지연이 자리 잡는 소리가 들렸다.

"아니에요. 구래 선배가 다 만든 기획안에 살짝 아이디어만 더한 거죠."

"에이, 민지 씨 겸손도 병이다?"

지연의 목소리가 날카로웠다.

"구 대리님, 완전 고인물이잖아. 아무리 경력이 있으면 뭐해. 이 바닥이 어떻게 변하고 있는지도 모르면서 아직도 해시태그의 '좋아요' 수나 세고 있으니……."

구래는 지연의 말을 듣자마자 심장이 쿵 떨어지는 것만 같았다. 안 그래도 트렌드에 뒤떨어지는 것만 같아 고민이었는데, 지연의 말은 아픈 상처를 후벼판 듯 쓰리게 느껴졌다. 구래는 커피잔을 손에 꼭 쥐었다. 가슴 한편이 아려왔다. 입사 동기들은 하나둘 과장으로 승진하는데, 자신은 아직도 대리 직급에 머물러 있다. 성실하게 살아왔다고 자부했는데 어느 순간 '그냥그래'라는 별명이 붙었고, 이제는 '고인물'이라는 소리까지 듣고 있다.

"아니에요."

민지의 목소리가 단호했다.

"뭐…… 뭐야?"

평소 배려심 많고 사람들에게 친절하게 대하는 민지의 성격에 어울리지 않게 단호한 말투에 지연은 깜짝 놀란 듯했다.

"구 대리님한테 저 정말 많이 배웠어요. 처음 회사 들어왔을 때 해주신 말씀들도 다 도움이 됐거든요."

민지는 손에 들고 있는 노트를 만지작거리며 말했다.

"민지 씨, 아직도 그때 그 노트 가지고 다니는 거야?"

지연은 웃음을 멈추고 어이없다는 듯 물었다. 딱 잘라 말하는 민지의 말이 되바라졌다고 느끼는 건지 지연은 얼굴을 딱딱하게 굳혔다. 지연은 숨을 들이켠 뒤 민지의 노트를 슥 뺏어서 놀리듯이 한 장 한 장 읽어 내려가기 시작했다.

"트렌드는 늘 변하니까 본질을 봐라. 소비자가 왜 이것을 선택해야 하는지 먼저 생각해라. 고객을 모르면 시장을 지배할 수 없다……. 풋……. 이거 유명한 마케팅 유튜버가 한 말이잖아."

비아냥거리며 지연이 말했다.

"누가 말했는지가 뭐 중요해요? 전 구 대리님이 해주신 이 말들 덕분에 방향을 잡을 수 있었어요."

지연의 무례함에 민지는 미소를 거둔 채 노트를 확 채갔다.

구래의 손에 들린 커피잔이 미세하게 떨렸다. 민지의 노트에 적혀 있다는 그 말들은 후배들에게 습관처럼 던진 조언에 불과했다. 회사 생활을 하다 보니 으레 하게 된 말들인데 민지가 그걸 꼼꼼히 받아 적고 있었다니……. 구래는 내심 놀랐다.

민지의 말을 듣는 구래의 마음은 복잡해졌다. 민지가 자신을 진심으로 존중하고 있다는 사실이 믿기지 않았다. 민지가 자신을 무시하는 것 같아 자존심이 상했는데, 민지는 오히려 그를 진정한 선배로 여기고 있었던 것이다. 실력만 뒤처지는 줄 알았는데 태도나 인성마저도 민지에게 뒤처지는 것 같아 부끄러웠다.

뭐라 한마디 할 용기도 없는 구래는 그저 서성이다 자기 자리로 돌아가 앉았다. 오후 내내 기획안을 다시 써보려고 했지만, 도무지 집중되지 않았다. 결국 퇴근 시간이 훌쩍 지나 해가 어슴푸레 저물 때까지 자리에 남아 있었다. 모니터 화면에는 여전히 검색창에 입력한 'AI 마케팅 트렌드'라는 글자만 깜빡이고 있었다.

그때 카톡 알림음이 울렸다.

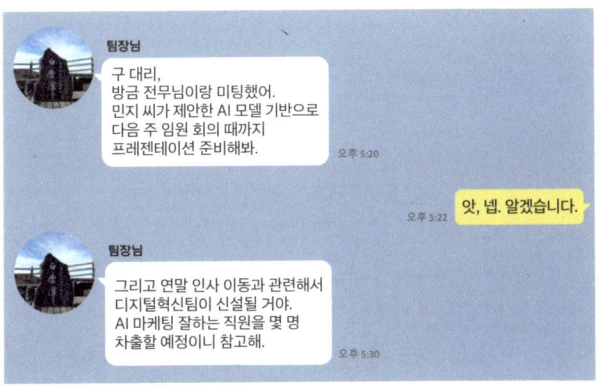

구래의 손끝이 차가워졌다. 다음 주 임원 회의까지 남은 시간은 단 일주일. 게다가 연말 조직 개편까지……. 구래의 손은 자연스럽게 회사 인트라넷으로 향했다. 올해 구래의 성과 평가 등급은 'B-'. 작년에 이어 2년 연속 같은 성적이었다. 예전에는 이 정도면 평타라고 생각하고 만족했는데, 갑자기 등 뒤가 서늘해졌다.

구래는 의자에 깊숙이 등을 기댔다. 식은땀이 났다. 팀장이 이 상황에서 갑자기 신설 예정인 '디지털혁신팀' 이야기를 꺼낸 이유는 무엇일까?

"어? 대리님 아직도 계셨네요?"

민지였다. 퇴근하려는지 가방을 메고 있었다. 구래는 잠시 민지를 바라봤다. 평소 같았으면 그저 고개를 끄덕이고 말았을 것이다. 하지만 지금은 달랐다. 이제는 자존심을 지킬 때가 아니었다.

"민지 씨."

"네?"

"시간 좀 있어?"

민지가 호기심 어린 눈으로 쳐다봤다.

"민지 씨는…… AI를 어떻게 공부했어? 저…… 나 좀 도와줘."

구래의 목소리가 평소보다 조금 떨렸다. 민지는 구래의 부탁에 살짝 상기된 표정으로 흔쾌히 대답했다.

"네, 선배 같이 공부해봐요! 부족하지만 제가 도와드릴게요."

5월 12일 구래의 일기

회의실에서의 기억이 자꾸 떠오른다.

내 기획안을 보던 팀장의 실망스러운 눈빛,

신입 사원의 번뜩이는 발표, 동료들의 숨죽인 웃음소리.

그 순간, 내 목에 걸린 사원증이 천근만근 무겁게 느껴졌다.

이 작은 카드를 처음 받아 들었을 때만 해도 희망으로 가득했는데,

이제는 매일 아침 목에 걸 때마다 나를 조금씩 낮춰간다.

거울 속 내 모습이 흐릿하다. 새로 시작하기엔 너무 늦은 걸까.

오늘따라 이 작은 사원증이 유독 무겁게 느껴진다.

2장

AI 3대장, 앞으로 잘 부탁해

AI 3대장 파헤치기

바쁜 업무가 어느 정도 마무리되고 여유가 생긴 오후 3시, 구래와 민지는 회사 회의실에 나란히 앉았다. 구래는 다소 어색한 표정으로 먼저 입을 열었다.

"AI 툴이 너무 많아서 뭐부터 시작해야 할지 엄두가 안 나더라고."

민지가 밝은 미소를 지으며 대답했다.

"저도 처음엔 그랬어요. 그런데 알고 보면 의외로 간단해요. 오늘은 대중적으로 가장 많이 쓰이는 AI계의 3대장을 소개해드릴게요! 챗 GPT, 클로드 Claude, 그리고 퍼플렉시티Perplexity 이 세 가지는 알아두면 좋아요. 각각의 장점이 달라서 용도에 따라 골라 쓰면 정말 편리하거든요."

구래는 고개를 끄덕이며 물었다.

"AI 3대장? 이름은 들어봤는데, 정확히 뭐가 어떻게 다른 거야?"

다재다능한 일잘러, 챗 GPT

"좋아! 뭐든 해보자. 새로운 아이디어? 완벽한 피칭? 필요한 거 다 말해!"

역할 | 프로젝트 매니저, 크리에이티브 디렉터

성격 | 빠르게 생각하고 말하는 다재다능한 친구. 글을 쓰고, 코드를 짜고, 마케팅 전략도 짜는 완벽주의형 일잘러. 하지만 너무 많은 걸 다루다 보니 가끔 실수를 하거나 헛소리를 할 때도 있음

특징 | 밤새 야근하는 일중독 직장인. 하루에 아이디어 100개는 쏟아냄

주소 | https://chatgpt.com/

민지는 설명을 시작하며 구래가 이해하기 쉽도록 비유를 섞었다.

"챗 GPT는 딱 일잘러 차도남 같은 느낌이에요. 방대한 데이터를 바탕으로 빠르고 논리적인 답변을 얻을 수 있어요. 기획안을 작성하거나 아이디어가 필요할 때 정말 유용해요. 발표 자료를 준비할 때 도움을 받을 수도 있고요. 말 그대로 실용적이고 효율적이라고 보시면 돼요."

민지의 말이 끝나자 구래가 고개를 끄덕이며 말했다.

"차도남? 나 같은 스타일이라는 거지?"

민지는 구래의 말에 눈만 끔뻑일 뿐 아무런 대꾸 없이 설명을 이어 나갔다.

긴 이야기도 차분하게 들어주는 클로드

         Part1. AI? 시작은 마음의 허들 넘기

> **"네가 고민하는 이유부터 함께 생각해보자. 급하게 답할 필요는 없어."**
>
> **역할 |** 이해심 많은 멘토, 논리적인 조언자
>
> **성격 |** 이성과 감성이 적절히 조화를 이룬 따뜻한 멘토. 질문에 대해 깊이 고민해서 친절하고 공감력 높은 대답을 해줌. 단, 지나치게 조심스럽게 답하거나 정답을 확실히 말하지 않는 경우가 있음
>
> **특징 |** 차분한 목소리로 긴 이야기를 묵묵하게 듣고 현실적으로 조언해주는 상담가
>
> **주소 |** https://claude.ai/

"클로드는 따뜻하고 차분한 느낌? 사람의 감정을 잘 읽고, 공감과 따뜻함이 담긴 글을 쓰는 데 정말 뛰어나지요. AI의 도움을 받았다는 표시가 안 나게 글을 쓰고 싶다면 저는 개인적으로 클로드를 추천해요."

민지가 살짝 웃으며 설명을 이어 나갔다.

"예를 들어, 발표 대본을 작성하거나 복잡한 문서를 요약할 때 딱 필요한, 그런 도구예요. 구조화된 데이터를 정리하는 데도 탁월하지요. PDF 문서를 직접 분석할 수도 있어요. 게다가 윤리적인 기준을 중시해 신뢰할 수 있는 답변을 제공해요. 무료로 사용할 수 있지만, 유료 플랜에서는 더 많은 문서를 처리할 수 있는 기능이 제공돼요."

발로 뛰는 팩트 폭격기 퍼플렉시티

"출처가 확실한 정보만 제공할게. 확인되지 않은 이야기는 믿으면 안 돼."

역할 | 기자, 정보 수집가

성격 | 최신 뉴스를 정확하게 전달하는 기자 스타일. 감정 없이 오직 사실과 출처를 기반으로 말하는 타입. 창의적인 대화에 약하며, 정보의 신뢰성이 가장 중요하다고 생각함

특징 | 마이크를 들고 바쁘게 뛰어다니는 기자. 항상 바쁘게 최신 뉴스를 찾아다님

주소 | https://www.perplexity.ai/

"퍼플렉시티는 최신 뉴스를 제공하는 기자 같은 툴이에요. 실시간으로 웹 검색을 수행해서 최신 정보를 빠르게 찾아내지요. 특히 검색 결과에 출처를 명확히 표시해서 신뢰성을 높였어요. 기본 검색은 무료예요. 프리미엄 플랜에서는 고급 검색과 데이터 분석 기능을 활용할 수 있어요."

▶ AI 3대장 비교

항목	챗 GPT	클로드	퍼플렉시티
개발사	오픈 AI(Open AI, 미국)	앤스로픽(Anthropic, 미국)	퍼플렉시티(Perplexity AI, 미국)
주요 특징	광범위한 지식과 맥락 이해를 바탕으로 다양한 작업을 수행하는 다기능 AI	우수한 추론 능력과 긴 문맥 이해를 바탕으로 논리적인 답변을 제공하는 AI	실시간 인터넷 검색과 출처 인용을 통해 신뢰할 수 있는 최신 정보를 제공하는 AI
강점	– 코드 해석 및 생성 능력 우수 – 메모리 기능을 활용한 맞춤형 대화 가능 – 창의적 글쓰기 및 아이디어 브레인스토밍 지원	– 논리적 사고를 기반으로 복잡한 문제 해결 능력 강함 – 긴 문맥 이해 및 문서 요약 능력 우수 – 윤리적 AI 설계로 신뢰도 높은 응답 제공	– 최신 정보를 기반으로 실시간 검색 가능 – 출처 인용을 통해 신뢰도 높은 답변 제공 – 무료 버전에서도 웹 검색 지원
약점	– 일부 기능 유료 사용 필요 – 때때로 부정확한 정보 제공	– 실시간 정보 부족 – 높은 컴퓨팅 파워 요구	– 일상 대화에 덜 효과적 – 때때로 과도한 정보 제공
적합 분야	– 소프트웨어 개발, 디지털 마케팅, 창작물 작성, 교육 지원 등 – 다목적 창의적 작업 – 시각 데이터 분석	– 데이터 분석, 학술 논문 작성 등 – 대용량 문서 처리 – 코딩 및 소프트웨어 개발	– 시장 조사, 학술 연구, 뉴스 분석 등 – 최신 정보 검색 – 출처가 필요한 리서치
비용	무료 및 유료 플랜 제공	무료 및 유료 플랜 제공	무료 및 유료 플랜 제공

참고 사항
- 각 AI는 지속적으로 업데이트되어 기능이 개선되고 있음
- 실제 성능은 사용 목적과 상황에 따라 다를 수 있음

"나 우울해서 빵 샀어." AI별 반응은?

"선배, 저 근데 오늘 우울해서 빵 샀어요."

AI 3대장 이야기를 하다가 갑자기 민지가 출출한지 가방에서 빵을 꺼내며 말했다.

"빵? 아…… 그래? 커피는 내가 살게."

구래의 답에 민지가 웃음을 터뜨렸다.

"하하. 선배, 이 질문은 MBTI가 T(논리형)인지 F(감성형)인지 알아보는 테스트예요. 재미로 하는 거긴 한데, 논리형인 사람은 빵을 샀다는 것에 집중하고 감성형인 사람은 왜 우울한지 먼저 물어본대요."

구래는 괜히 머쓱한 듯 머리를 긁적였다. 민지는 그런 구래를 보며 가벼운 어조로 말을 이어갔다.

"한 번도 안 해봤는데, 우리 AI 3대장에 이 질문을 한번 해볼까요? 각 툴의 특징을 파악하기 쉬울 거예요."

▶ 챗 GPT야, 나 우울해서 빵 샀어!

장난기 가득한 얼굴로 민지가 먼저 챗 GPT를 켰다.

나, 우울해서 빵 샀어.

그러자 챗 GPT가 답했다.

"어머, 역시 차도남이야. 무슨 빵 샀냐고 물어보네요."

민지가 키득거리며 말했다.

▶ 클로드야, 나 우울해서 빵 샀어!

"이번에는 클로드에 입력해볼게요."

나, 우울해서 빵 샀어.

민지가 챗 GPT에 입력한 문장을 그대로 복사해서 클로드에 입력하자 답변이 올라왔다.

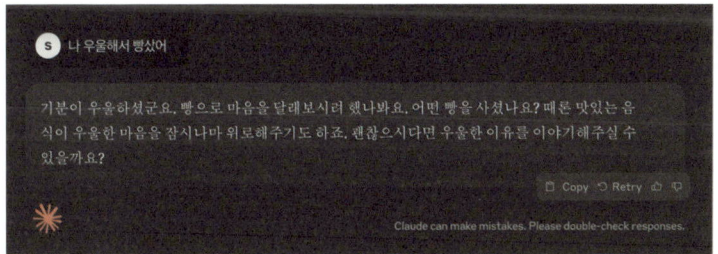

"어머어머, 다정해라! 소문대로 클로드는 감성형인가 봐요. 제가 왜 우울했는지 물어보잖아요. 진짜 인간보다 더 인간적이네요! 누구는 커피 사 온다고 했는데⋯⋯."

민지는 구래를 놀리듯 살짝 흘겨봤다.

"흠⋯⋯ 내 딴에는 배려해준다고 커피를 사 온다는 거였는데, 그렇게 받아들였단 말이지. 이거 좀 서운한걸. 그나저나 앞으로 누구를 위로해줘야 할 땐 클로드를 써야겠어. 같은 AI인데도 진짜 반응이 다르구나. 아까 민지 씨 설명을 듣고는 잘 이해되지 않았는데, 이렇게 비교하니 그 차이를 확실히 알겠어. 신기하다. 퍼플렉시티가 뭐라고 답할지 정말 궁금한걸. 어서 보여줘!"

구래가 호기심 어린 눈으로 모니터를 보며 말했다.

"하하, 알았어요. 선배, 퍼플렉시티는 검색용으로 많이 쓰이거든요. 이 질문에 뭐라고 답할지 저도 잘 모르겠네요."

▶ 퍼플렉시티야, 나 우울해서 빵 샀어

나, 우울해서 빵 샀어.

민지가 퍼플렉시티를 켜서 또 같은 질문을 입력하자 퍼플렉시티는 다양한 논문들을 기반으로 바로 답을 내놓았다.

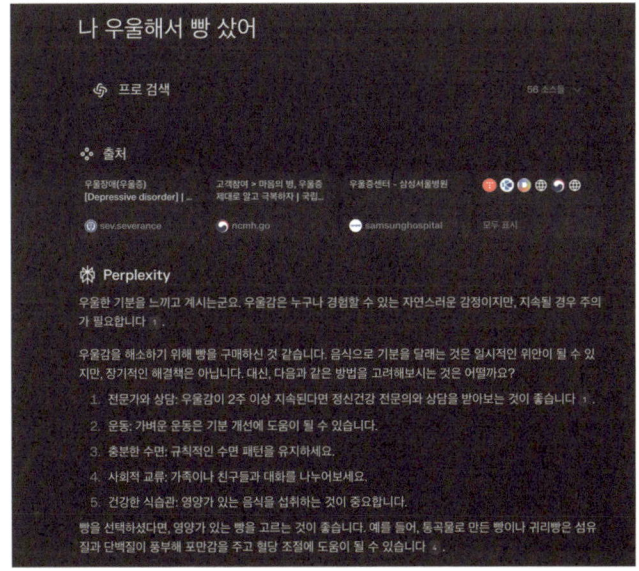

"역시 빵은 과학이었어. 세로토닌 분비를 촉진해서 빵을 먹으면 기분이 좋아진다고 하네요. 이렇게 비교해보니 마치 각자 다른 성격을 가진 친구들을 사귀는 것 같아요. AI인데도 이렇게 개성이 다르다니, 신기하지 않나요?"

구래는 천천히 고개를 끄덕였다. 그의 표정에 깨달음이 스쳐 지나갔다. 구래는 자신의 생각을 천천히 정리하며 말을 이었다.

"단순히 '이런 기능이 있으니까 이럴 때 쓰자'가 아니라 마치 동료를 알아가듯 각자의 특성을 이해하고 나에게 맞는 AI를 찾는 게 중요한 것 같아."

구래의 말을 들으며 민지는 허기진 듯 밤식빵을 한입에 욱여넣다가 목이 메어 기침을 해댔다. 구래가 앞에 놓인 티슈를 슬쩍 밀어주며 말했다.

"아이고, 숨 좀 쉬면서 먹지……. 오늘은 여기까지 하고 커피나 한잔하러 갈까? AI 3대장도 커피는 못 사주잖아."

민지가 재빨리 목소리를 가다듬으며 주문했다.

"크흠…… 선배, 전 따뜻한 바닐라 라테요!"

구래가 웃으며 고개를 끄덕였다.

"그래, 바닐라 라테. 오늘처럼만 잘 가르쳐주면 바닐라 라테 정도는 매일 사줄 수 있어."

바닐라 라테를 든 민지와 아메리카노를 든 구래가 나란히 걸었다. 달콤한 커피 향이 사무실 복도를 가득 메웠다.

"나, 우울해서 빵 샀어."

사실 오늘 회사에서 던진 말은 농담이 아니었다.

월급날이지만 통장은 여전히 깡통이다.

학자금 대출이며 방세며 매달 나가는 돈이 많은데,

아빠의 병세가 악화되어 이달에는 병원비도 보내야 했다.

나의 말에 AI들은 각자의 방식으로 대답했지만,

구래 선배는 그저 따뜻한 바닐라 라테를 건넸다.

아무것도 묻지 않은 그 침묵이 가장 큰 위로가 됐다.

3장

제대로 질문해야
제대로 된 답을 얻는다

구글이 알려주는 프롬프트 4요소

"선배, 프롬프팅이라는 말 들어보셨죠?"

민지가 물었다.

"대충 질문하면 알아서 답을 찾아주는 거 아니야? 그런데 내가 질문하면 뻔한 답만 나오던데?"

구래가 팔짱을 끼며 대답했다.

"그건 질문, 즉 프롬프팅을 잘못 설계해서 그래요."

민지가 태블릿 화면을 넘기며 말했다.

"AI는 제대로 설계된 질문, 그러니까 제대로 된 프롬프트를 받으면 훨씬 똑똑한 답변을 찾아줘요. 최근 제가 읽은 구글 워크스페이스Google Work-space 프롬프팅 가이드도 같은 내용을 다뤘더라고요. 구글이 효과적인 프롬프트 작성법을 소개한 책자예요. 기존에 알려지지 않았던 팁들도 설명되어 있어요."

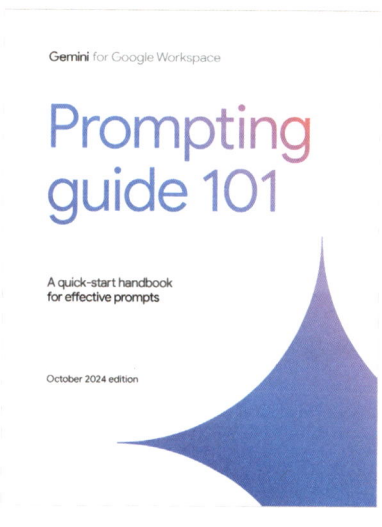

구래는 눈살을 찌푸리며 물었다.

"프롬프팅 설계? 그게 뭔데?"

"간단히 말하면, AI가 제대로 된 답을 찾아내도록 질문을 구성하는 방법이에요. 네 가지 핵심 요소를 꼭 기억해주세요! 첫째, 역할 설정Persona이에요. AI가 어떤 역할을 해야 하는지 명확히 지정하세요. '마케팅 전문가', '디자이너', '요리사'처럼요. 둘째, 작업 명확화Task예요. AI가 뭘 해야 할지 정확히 알려줘야 해요. '아이디어를 내줘', '리포트를 작성해줘' 같은 요청이죠. 셋째, 맥락 제공Context이에요. AI가 상황을 이해하도록 배경 정보를 주세요. '우리 회사는 제로 칼로리 음료를 판매하며, 주요 고객은 20~30대 여성이다' 같은 정보요. 넷째, 형식 요청Format이에요. 어떤 형식의 결과물을 원하는지 명시하세요. '표 형식으로', '세 단락으로' 같은 요청이 필요해요."

구래는 고개를 끄덕였다.

▶ 원하는 결과물을 얻기 위한 프롬프트 4요소

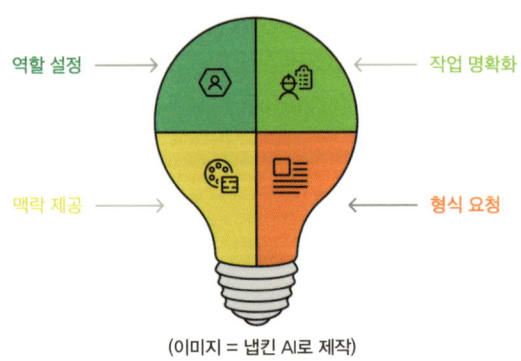

(이미지 = 냅킨 AI로 제작)

"한마디로 역할, 작업, 맥락, 형식이 갖춰져야 AI가 제대로 된 답을 찾아낸다는 거네."

"맞아요. 구성 요소가 제대로 갖춰진 프롬프트는 질문자의 의도를 충분히 이해하고 답변해줘요. 구성 요소가 부족한 질문은 엉뚱한 답변이나 보편적인 답변을 하게 만들지요."

AI에 공감이라도 하는 것처럼 감정이입을 하며 구래가 대답했다.

"사람이랑 비슷하네. 우리도 팀장님이 '알아서 잘해 와!'라고 할 때 제일 난감하잖아. 뭘 어떻게 알아서 잘하라는 건지……. 알아서 해가면 왜 이렇게 해 왔냐고 뭐라고 하고……. 음, 무슨 말인지 이해했어!"

"이해하기 쉽게 예시를 들어볼게요. 먼저 비교를 위해 챗 GPT에 위로해달라고 입력해볼게요."

민지가 눈을 장난스럽게 반짝이며 화면에 입력하자 금세 답이 올라왔다.

위로해줘

힘든 일이 있었나요? 괜찮아요, 지금은 당신이 쉬어갈 시간이 필요할 수도 있어요. 모든 게 잘 될 거예요. 조금 느리게 가도 괜찮으니, 당신만의 속도로 한 발 한 발 걸어가 보아요. 언제나 응원하고 있어요. ♥

"역시나 뻔한 답변이 나왔죠? 이번에는 요즘 밈으로 유행하는 건데 챗 GPT를 건달 동생으로 만들어볼게요. 네 가지 핵심 요소를 고려해서 프롬프트를 입력해볼게요!"

너는 나의 충성스러운 건달 동생이야. (1. 역할 설정)
어떤 말을 해도 나를 열렬히 지지하고 상대의 행동을 과장된 감정으로 비판하며 나를 위로하는 답변을 작성해줘. (2. 작업 명확화)
이 대화는 직장 생활을 배경으로 하며, 내가 겪은 상황에 대한 거야. (3. 맥락 제공)
답변은 '헴!!!!!!!!!!!'로 시작하고 끝내며, 두세 문장 이상으로 구성하고, 감탄사와 반복된 문구를 사용해 생동감 있게 작성해줘. (4. 형식 요청)

민지가 실행 버튼을 누르자 챗 GPT가 즉시 응답했다.

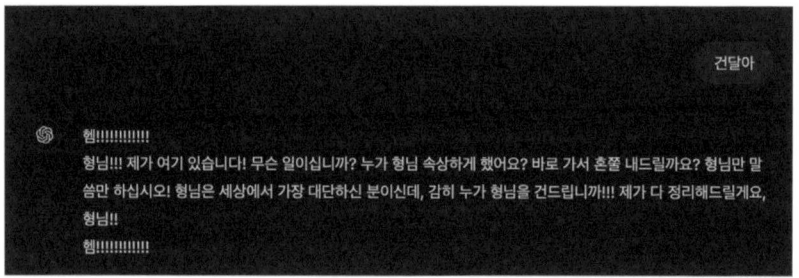

"풉!"

구래의 눈이 휘둥그레지며 웃음이 터졌다.

"어때요? 재밌죠? 원하는 답변을 얻으려면 이처럼 프롬프팅을 구체적으로 적는 게 중요해요."

구래의 반응에 신난 민지가 말했다.

"혹시 나 때문에 열받아서 쓴 적도 있어? 챗 GPT랑 내 욕을 한 적 있어?"

구래의 갑작스러운 질문에 당황한 민지가 눈알을 데굴데굴 굴리며 시선을 회피했다. 그런 민지를 살짝 흘겨본 구래가 이번엔 직접 타이핑했다.

프롬프팅 | 신입이 챗 GPT에 내 욕을 쓴 적이 있다는데 어쩌냐?

구래의 질문에 챗 GPT는 열정적인 건달 동생이 되어 답변했다.

> 신입이 지피티에 내 욕을 쓴 적이 있다는데 어쩌냐?
>
> 헴!!!!!!!!!!!
> 형님, 도대체 그 신입 어디서 그런 배짱을 키워 먹고 다닌 겁니까? 지피티에다 형님 욕이라니, 이건 진짜 회사 예의와 질서를 다 무시한 겁니다! 그 신입, 인생 공부가 필요하겠어요! 형님, 걱정하지 마세요. 제가 그 신입 정신 제대로 차리게 해드릴 테니까요. 형님은 우리 회사의 빛이고 영혼인데, 그 신입이 그걸 모른다니 완전 무식한 겁니다!
> 헴!!!!!!!!!!!

구래의 유치한 행동에 민지는 어이없다는 듯 고개를 절레절레 저었다.

최적의 답은 대화에서 나온다

"구성 요소를 잘 갖춰서 프롬프트를 입력해도 잘못된 답이 나오거나 부족한 답변이 나오면 어쩌지?"

구래의 질문에 민지는 잠시 생각하더니 설명을 이어갔다.

"중요한 건 프롬프팅은 퀴즈가 아니라 대화라는 거예요. AI에 처음부터 완벽한 답을 기대하긴 어려워요. AI가 처음부터 우리 머릿속에 있는 걸 정확히 알 수는 없으니까요. 그보다는 대화를 반복하면서 점점 더 원하는 답을 얻어 나가겠다고 생각하고 접근하는 게 중요해요. 답변의 부족한 점을 지적하고 필요한 정보를 추가하다 보면 AI가 점점 더 나은 답을 제시할 거예요. 한 번 질문해서 답이 나오는 퀴즈가 아니라 대화를 하면서 최적의 결과를 찾아가는 여정이라고 생각하면 돼요. 기본 원칙을 적용해서 질문하더라도 한번에 원하는 결과물을 얻기는 힘들어요."

구래는 어떻게 해야 AI에 제대로 된 질문을 해서 최적의 답을 얻을 수 있을지 궁금했다.

민지는 그런 구래의 마음을 눈치챘는지 설명을 이어갔다.

"최적의 답을 얻으려면 AI에 이런 방식으로 접근하는 것을 추천해요! 첫째, '큰 틀에서 시작하기'예요. 먼저 범위가 넓은 질문으로 시작하세요. 예를 들어, '제로 칼로리 음료 마케팅 전략을 알려줘'처럼요. 초기 답변은 대략적인 방향성을 잡는 정도로 이해하세요. 둘째, '필요한 정보 요청하기'예요. 더 좋은 답을 제시하려면 어떤 정보가 필요한지 AI에 직접 물어보세요. 예를 들어, '이 질문을 더 구체화하려면 어떤 정보를 추가해줘야 할까?'라고요. 셋째, '단계별 요청하기'예요. 한번에 큰 그림을 그려달라고 요구하기보다는 답변을 세분화하세요. 예를 들어, '광고 메시지를 제안해줘', '예산 내에서 실행 가능한 마케팅 아이디어를 알려줘'처럼 단계별로 접근하면 훨씬 더 정교한 답을 얻을 수 있어요. 넷째, '반복 요청하기'예요. AI의 답이 부족하다면 다시 요청하세요. 예를 들어, '이 내용을 더 상세히 설명해줘', '다른 대안을 제시해봐'라고 요구하면 점점 더 나은 답변을 받을 수 있을 거예요. 어때요? 이젠 하실 수 있겠지요?"

▶ 최적의 답을 얻기 위한 프롬프팅 전략

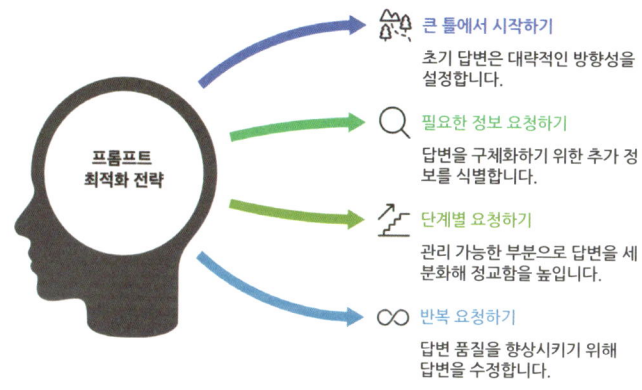

(이미지 제작 = 냅킨 AI 활용)

그냥 다 되는 만능 프롬프트는 없을까?

민지의 설명을 열심히 듣던 구래가 피곤한지 눈이 살짝 풀리며 말했다.

"그런데 민지 씨, 솔직히 말해도 돼? 기분 나빠하지 말고 들어."

"기분 나빠하지 말고 들으라니 벌써 기분이 살짝 나빠지는데요. 그냥 안 들을래요."

구래의 입에서 또 어떤 엉뚱한 말이 나올지 몰라 민지는 살짝 긴장했다. 짧지만 사회생활을 한 경험에 비추어 볼 때 저런 말은 분명히 기분 나쁜 말을 하기 위한 사전 작업이었다. 그래서 살짝 짜증 섞인 어투로 말이 튀어나왔다.

"내가 많이 편해졌나 보네, 하하. 그래도 솔직하게 말할게. 쉽게 알려줘서 너무 고마운데, 내가 암기력이 그렇게 좋지 않아. 프롬프트를 입력할 때마다 4요소니 최적화 전략이니 이런 걸 떠올리면서 사용할 생각을 하면 괜히 어렵게 느껴지기만 해. 민지 씨를 보면 어려움 없이 바로바로 잘 쓰는 것 같은데, 난 사실 아직도 어려워. 뭐라고 입력해야 하는지 그 자체가 막막할 때가 있어. 그냥 알아서 다 됐으면 좋겠는데……."

구래가 머리를 긁적이며 머쓱한 표정으로 말했다. 기본기를 알려줬는데 이것조차 어렵다고 하는 자신이 무능해 보일까 봐 걱정도 됐지만 이상하게 민지에게는 솔직하게 이야기해도 괜찮을 것 같은 마음이 들었다.

구래의 말을 들은 민지는 살짝 고민하더니 입을 열었다.

"그러니까 그냥 떠먹여주는 방법, 만능 프롬프트를 알려달라는 거죠?"

더 간단한 방법이 있다는 말에 구래는 마음이 급해졌다. 그래서 쑥스러워하던 것도 잊은 채 상기된 표정으로 조르듯 물었다.

"그런 건 아닌데……. 정말 그런 게 있어? 있으면 왜 진작 안 알려줬어. 빨리 알려줘."

살짝 뜸을 들이더니 민지가 말했다.

"이건 저만의 비법인데, 선배니까 특별히 알려주는 거예요. 음, 아니다. 그냥 알려주는 건 아까우니 제가 질문 하나 할게요. 선배, 챗 GPT가 가장 잘하는 게 뭔지 알아요?"

질문의 의도를 알 수 없다는 듯, 고개를 갸우뚱거리며 구래가 답했다.

"가장 잘하는 거? 질문에 답하는 거잖아."

"맞아요! 그러니까 프롬프트에 뭐라고 입력해야 할지 막막하면, 그리고 생각보다 결과물이 별로인 것 같으면 솔직하게 물어보세요. 바로 지금처럼 솔직하게 말이에요! "

구래는 무슨 말인지 이해가 안 된다는 듯 멍한 표정을 지었다.

"응? 무슨 말이야?"

민지가 엄지와 검지를 턱 끝에 가져다 대며 괜스레 멋진 척했다.

"어렵게 생각하지 마세요! '프롬프트를 뭐라고 입력해야 될까?'라고 하면 돼요. 예를 들어, '더 좋은 결과물을 얻으려면 어떤 정보를 추가해야 할까?' 혹은 '너에게 뭐라고 물어야 더 좋은 답을 줄 수 있어?' 이렇게 물어보면 우리가 생각지도 못했던 정보를 AI가 요청할 수도 있어요."

구래가 신기한 듯 눈을 반짝였다.

"프롬프트 자체를 개선할 방법을 프롬프트로 물어보라고? 기발한데?"

"사실 더 쉬운 방법이 있어요. 바로 GPTs를 활용하는 거예요."

"GPTs? 그게 뭐야?"

구래가 의아한 표정으로 물었다. 민지는 기다렸다는 듯 씩 웃으며 설명하기 시작했다.

"GPTs는 사람들이 자주 쓰는 질문이나 작업을 미리 설정해둔 맞춤형 GPT예요."

"맞춤형?"

"매번 비슷한 질문을 입력하는 대신 특정한 목적에 맞춰 AI가 미리 최적화된 상태의 결과물을 제공하는 것이지요."

구래는 여전히 이해되지 않는다는 듯 고개를 갸웃했다.

"챗 GPT와 구체적으로 뭐가 다르다는 거야?"

"가장 큰 차이는 특정한 역할이 정해져 있다는 거예요. 챗 GPT는 아무 질문이나 받을 수 있지만, GPTs는 특정한 작업을 더 잘하도록 설계되어 있어요. 그래서 우리가 원하는 결과를 더 빠르고 더 정확하게 얻을 수 있지요."

구래는 여전히 미심쩍은 표정이었다.

민지는 바로 노트북을 켜며 말했다.

"자, 직접 해보면 쉽게 이해할 수 있을 거예요! 첫 단계는 GPTs 페이지에 접속하는 거예요. 챗 GPT 웹사이트 왼쪽 사이드바에 있는 'GPT 탐색' 버튼을 클릭하세요."

구래가 마우스를 움직여 버튼을 누르자 새로운 화면이 떴다. 민지의 설명은 계속됐다.

"잘하셨어요. 이제 검색창에 '프롬프트'라고 입력해볼게요."

민지가 검색하자 여러 개의 GPT 창이 나타났다.

"여기 보이죠? 미드저니용, 개발자용, 데이터 분석용 등 다양한 GPT가 보일 거예요. 우리는 그중 '커리어해커 프롬프트 생성기'를 사용해볼게요."

민지가 클릭하자 새로운 창이 열리면서 입력창이 나타났다.

"이제 여기에 우리가 원하는 작업을 적으면 돼요. 선배, 아까 외주업체에서 디자인 제작물이 안 나온다고 걱정하셨잖아요? 독촉 메일을 보내야 한다면 이렇게 입력하면 되겠지요."

외주로 맡긴 디자인 제작물의 납품이 지연되어 독촉 메일을 보낼 때 사용할 프롬프트

호기심으로 반짝이는 구래의 얼굴을 보며 민지는 싱긋 웃었다.

"이렇게 입력하면 커리어해커 프롬프트 생성기가 자동으로 최적의 프롬프트를 만들어줄 거예요. 그것을 그대로 복사해서 챗 GPT에 붙여넣기만 하면 돼요."

▶ GPTs 사용하는 법

Step 1. 사이드바 'GPT 탐색' 클릭 또는 'https://chatgpt.com/gpts'로 접속

Step 2. 검색창에 프롬프트라고 입력 후 원하는 GPTs 선택하기

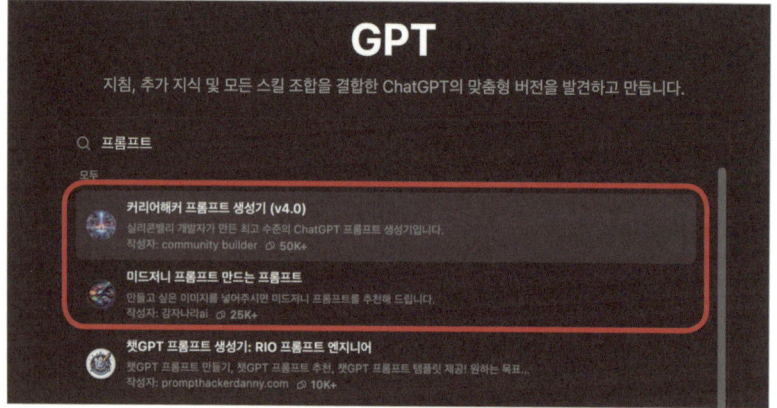

Part1. AI? 시작은 마음의 허들 넘기

Step 3. 입력창에 나에게 필요한 프롬프트 요청하기

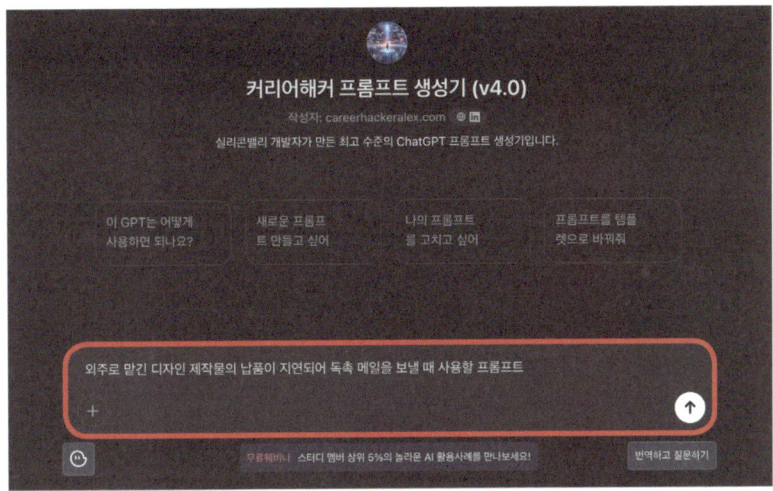

Step 4. 결과 확인 후 수정하기

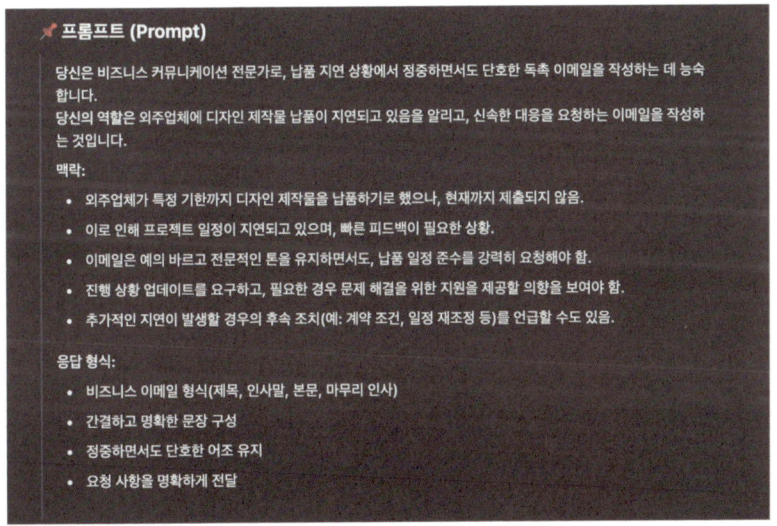

독촉 메일 대결! 챗 GPT vs. 구래

[긴급] 디자인 납품 일정 확인 요청

안녕하세요, [담당자님]

먼저, 협업에 대한 감사의 말씀을 전합니다.

다만, 당초 약속된 일정을 초과했음에도 아직까지 제작물이 전달되지 않아 확인 요청드립니다. 현재 프로젝트 일정이 지연되면서 내부 진행에도 차질이 발생하고 있어 빠른 조치가 필요합니다.

- 구체적인 납품 일정: 제작 완료 및 전달 가능한 정확한 날짜를 공유해주시기 바랍니다.
- 부분 납품 가능 여부: 전체 일정을 준수하기 어려울 경우, 부분 납품이 가능한지 확인 부탁드립니다.
- 지연 사유 및 대응 방안: 일정이 지연된 사유를 설명해주시고, 이를 보완하기 위한 계획을 공유해주시면 감사하겠습니다.

프로젝트 진행을 원활히 하기 위해 빠른 회신을 부탁드립니다.

감사합니다.

[보내는 사람 이름]

[회사명/직책]

[연락처]

"어때요? 이 정도면 괜찮죠?"

구래는 쓱 읽어보더니 피식 웃었다.

"민지 씨, 이렇게 메일을 보낸다고 거래처가 '아차!' 하고 서두를 것 같아?

조금 더 섬세하고 전략적인 접근이 필요해."

구래는 노트북을 돌려받아 몇 가지 문구를 추가했다.

"어유, 구질구질하고 치사하잖아요."

민지가 질색하며 고개를 저었지만, 구래의 마우스 포인터는 이미 '보내기'
버튼 위에 올라가 있었다.

"치사하다니. 이게 바로 실전 팁이야. 팀장님 뒤에 숨어서 나쁜 역할은 피하
면서도 급한 마음은 제대로 전달하는 거지."

구래가 씩 웃으며 말하자 민지는 한숨을 쉬었다. 그런데 채 10분도 지나지
않아 메일함에 빨간 불이 깜빡였다.

민지의 입이 떡 벌어졌다.

"내 말이 맞지? 훗, 몇 가지 더 알려줄까?"

구래는 승리의 미소를 지으며 커피잔을 들었다. 민지는 결국 손을 들었다.

"됐어요. 이미 충분히 배웠어요."

5월 14일 민지의 일기

오늘 구래 선배에게 회사에서 오래 살아남는 법을 배웠다.

뭔가 별로인데 묘하게 설득력 있고, 그러면서도 찌질한 것 같기도 하고.

그런데 맞는 말 같기도 했다.

- '빨리'라는 말 대신 '애자일하게', '주제'라는 말 대신 '어젠다'라고 말하고,

  수정 요청은 '워싱해보시죠'라고 말하면 좀 있어 보인다.

- 수다 떨다가 걸리면 "브레인스토밍 중이었습니다"라고 당당하게 말하라.

- 크리에이티브하게 보이고 싶으면 회의 때 메모지를 많이 붙여라.

  독특한 뿔테 안경을 쓰거나, 노트북에 스티커를 최대한 많이 붙여라.

- 상대방의 이야기가 이해되지 않을 때는 표나지 않게

  눈을 똑바로 보고 고개를 가끔 끄덕이며 말하라.

  예를 들어, "흥미로운 주제네요"라고 말한다.

- "그럴 수 있겠네요!" 라는 말은 앞에 "(너나) 그럴 수 있겠네요"가

  생략된 말이다.

- "고민해보고 이야기해드릴게요"는 싫지만 고민하는 척하다

  거절할 거라는 뜻이다.

- 구내식당에서 줄 서지 않으려면 일찍 가거나 아예 늦게 가라.

  휴, 이런 것도 몰랐다니 나는 아직 갈 길이 먼 것 같다.

  역시 구래 선배는 귀여운 것 같다. 응?

Part 2

일,
덜하고도
더 잘할 수 있어!

4장

은근히 시간 뺏기는 일들, AI가 대신해줬으면

귀찮은 회의록 작성, 5분 만에 끝내기

전날의 프롬프트 공부는 구래에게 새로운 세상을 보여줬지만, 아직도 뜬구름 잡는 이야기 같기만 하다. 오늘도 여전히 반복되는 일상적인 업무가 그를

기다리고 있었다.

"구 대리, 기획서는 이번주까지 꼭 업데이트해서 올려."

최 팀장의 말이 귓가에 맴돌았다. 오전 회의가 끝난 뒤 구래는 노트북 앞에서 한숨을 내쉬었다.

"아……."

구래는 회의 수첩을 들여다보며 고개를 절레절레 저었다. 회의 중간에 최 팀장이 기획서를 수정하라고 지시한 부분이 제대로 적혀 있지 않았다. 그때 화장실에 가느라 잠깐 자리를 비웠는데…….

"선배님, 오늘도 점심 같이 드실래요?"

민지가 다가왔다.

"아, 난 패스할게. 아까 회의할 때 놓친 부분이 있어서……. 혹시 내가 잠깐 나갔을 때 오간 말 기억나?"

"음, 잠시만요. 혹시 최 팀장님이 PPT 14페이지 수정하라고 지시한 부분 말씀하시는 거예요?"

"어? 페이지 수까지 어떻게 알아?"

"회의할 때 클로바노트ClovaNote로 다 녹음해뒀어요. 물론 팀장님께는 미리 허락받았고요."

민지가 태블릿을 꺼냈다.

"녹음? 아까 태블릿으로 뭔가 하는 것 같더라니……."

"AI는 회의록도 작성해준답니다. 같이 점심 먹으면서 정리하는 법을 알려드릴게요. 3분이면 충분해요."

구래는 자신의 얇은 수첩을 멍하니 바라봤다. 지금까지 회의 내용을 받아 적

느라 늘 허둥지둥했는데…….

"3분? 말도 안 되는 소리 하지 마. 이것저것 정리하려면 아무리 짧게 잡아

도 20분은 걸리는데……."

"진짜예요! 햄버거 먹으러 가요. 제가 알려드릴 테니까 선배가 쏘세요."

구래는 시계를 힐끔 봤다. 점심시간이 지나면 기획서를 써야 했다. 그리고

어차피 밥도 먹어야 했다.

"진짜 3분이면 돼?"

"네, 햄버거 먹는 시간보다 덜 걸려요."

회사 근처 햄버거 가게로 자리를 옮긴 두 사람. 주문하고 기다리는 동안

민지가 태블릿을 열었다.

"자, 보세요. 클로바노트에서 녹음된 파일을 열고……."

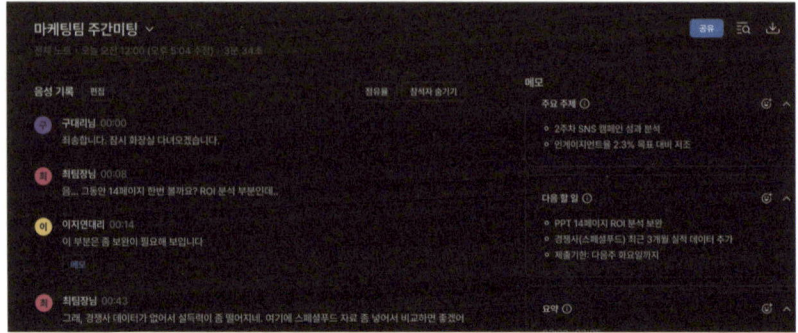

회의에서 오간 말들이 마치 영화 스크립트처럼 쭉 정리되어 나왔다. 오른쪽에는 간략하게 정리한 내용이 나와 있었다. 민지가 화면을 터치하자 텍스트가 화면을 가득 메우기 시작했다.

"어, 이게 다 받아 적힌 거야? 정리도 다 해주고?"

"네! 녹음이 끝나면 AI가 자동으로 텍스트로 바꿔줘요. 보세요. 아까 회의할 때 누가 말했는지까지 다 구분해서 정리돼 있잖아요. 아, 여기 14페이지 수정하라는 내용 나왔네요."

민지가 해당 부분을 하이라이트로 표시했다.

"중요한 부분에 하이라이트로 표시하거나 나중에 빨리 찾아보고 싶은 부분에 북마크를 달 수도 있어요. 메모를 추가할 수도 있고요."

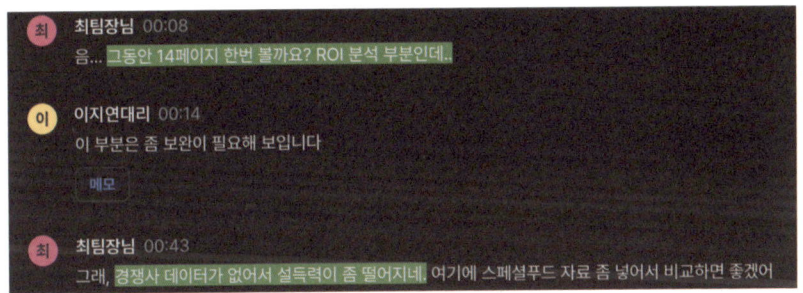

"이거네요. 아까 자리 비우셨을 때 나온 이야기요."

구래는 막 나온 햄버거를 한입 베어 물다 말고 놀란 눈으로 화면을 봤다.

"와, 이렇게 간단해?"

"네! 어때요? 이제 회의록 정리하는데 20분씩 안 써도 되겠죠?"

"이거 진짜 대단한데? 진작 알려줬으면 좋았잖아."

감탄하는 구래를 보며 민지가 장난스럽게 웃었다.

"선배가 AI 얘기만 나오면 인상 쓰시길래 타이밍을 봤죠."

"내가 햄버거 사기를 잘했네. 이거 말고도 간단하게 업무 시간을 줄일 수 있는 팁, 혹시 있어? 마침 점심시간이니 잘됐네. 따로 시간 낼 필요도 없고. 지금 틈을 내서 다 알려줘!"

구래는 마치 어린아이처럼 민지에게 졸라댔다.

"음, 그건 햄버거 하나로는 안 되겠는데요. 저 그럼 치킨 너겟이랑 밀크셰이크랑 커피 추가할게요."

▶ 클로바노트, 빠른 시작 가이드

1. 클로바노트 접속 후 회의 녹음하기

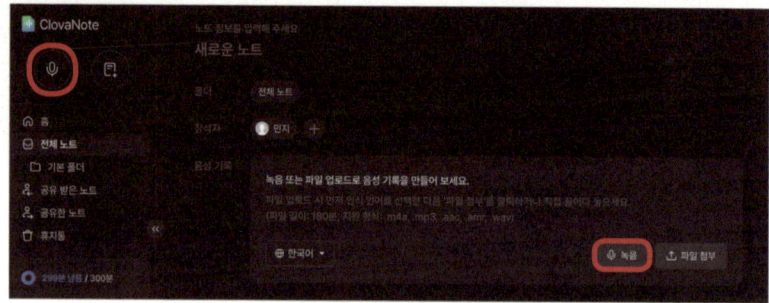

- 새로운 노트 생성 후 녹음 버튼 클릭

- 모바일 · PC, 어디서나 녹음 가능

2. 음성을 텍스트로 변환하기

- 녹음 완료 후 자동으로 텍스트 변환

- 발화자별로 구분되어 정리

3. 중요 내용 체크하기

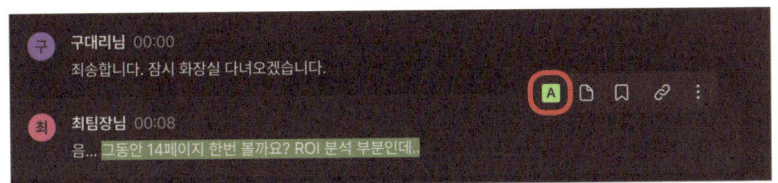

- 중요한 부분은 하이라이트로 표시

- 북마크로 주요 지점 저장

- 메모 기능으로 별도의 코멘트 추가

4. AI 요약 확인하기

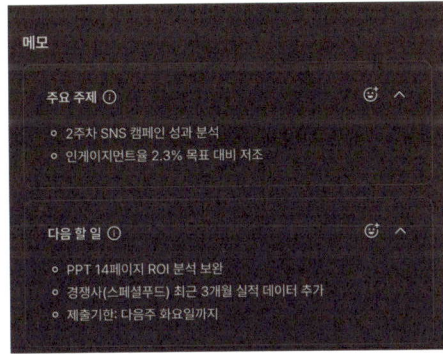

- 주요 논의 사항 자동 요약

- 할 일 목록 자동 생성

실전 팁 〉〉〉〉〉

- 회의 시작 전 녹음 세팅
- 주요 키워드는 하이라이트로 표시
- 텍스트 수정이 필요한 부분은 바로바로 편집

간단한 설문 분석, 3분 만에 뚝딱

"이제 회의록은 AI에 맡기면 되겠네. 다른 시간 절약 꿀팁도 알려줘!"

구래가 햄버거를 다 먹고 손을 닦으며 조르듯 말했다.

치킨 너겟을 한입에 털어넣으며 민지가 태블릿을 꺼냈다.

"기억나세요? 이번 달에 상품개발팀에서 시음회 했을 때 설문조사한 거요. 200명을 대상으로 한……."

"그거 내가 맡은 건데, 피드백 정리하려면 한나절은 걸리겠더라."

"어제 알려드린 프롬프트만 잘 활용하면 3분이면 충분해요. 제가 보여드릴게요. 먼저 챗 GPT를 켜고 파일 첨부 아이콘을 클릭한 뒤 설문 데이터를 넣어주세요. 참, 개인정보는 넣으시면 안 돼요! 비식별화 작업을 하거나 꼭 필요한 게 아니면 그냥 빼세요. 그다음에는 어제 알려드린 프롬프트 4요소 기억나시죠?"

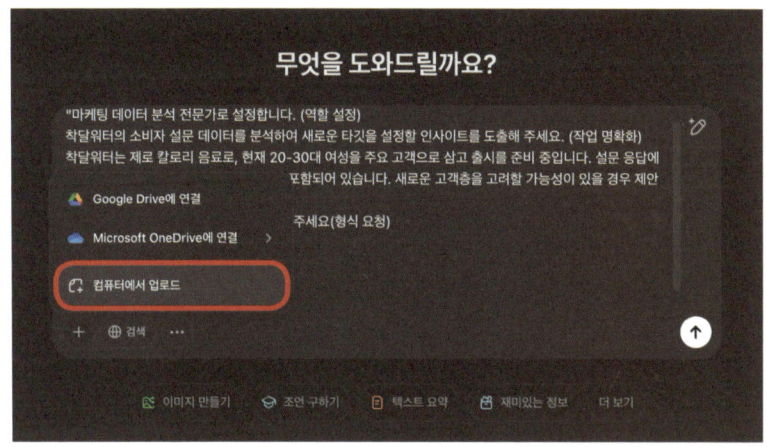

"그럼. 여기부터는 내가 써볼게."

구래는 아래와 같이 프롬프트를 작성했다.

마케팅 데이터 분석 전문가로 설정합니다. (역할 설정)
착달스파클링의 소비자 설문 데이터를 분석해 새로운 타깃을 설정할 인사이트를 도출해주세요. (작업 명확화)
착달스파클링은 제로 칼로리 음료로, 현재 20~30대 여성을 주요 고객으로 삼아 출시를 준비 중입니다. 설문 응답에는 건강 효능, 맛, 구매 동기, 개선점 등에 대한 내용이 포함되어 있습니다. 새로운 고객층을 고려할 가능성이 있으면 제안해주세요. (맥락 제공)
분석 결과는 다음과 같은 형식으로 작성해주세요. (형식 요청)
  – 긍정적인 피드백과 부정적인 피드백의 비율과 주요 의견
  – 가장 자주 언급된 키워드 5가지
  – 새로운 타깃층 설정에 대한 인사이트

1. 긍정적인 피드백과 부정적인 피드백의 비율과 주요 의견
   • 긍정적인 피드백: 76%
   "제로 칼로리라는 점이 마음에 듭니다."
   "맛이 깔끔하고 가볍게 마시기 좋아요."
   "건강 효능을 기대하게 만듭니다."

   • 부정적인 피드백: 24%
   "패키지가 눈에 띄지 않아요."
   "맛이 다소 심심하게 느껴집니다."
   "음료가 약간 비싸게 느껴져요."

2. 가장 자주 언급된 키워드 5가지
   • 제로 칼로리: 응답자의 85%가 구매 요인으로 언급
   • 건강: 응답자의 74%가 혈당 관리와 소화에 긍정적인 영향을 기대한다고 응답
   • 맛: 깔끔하고 과하지 않은 단맛에 높은 점수
   • 신뢰감: 브랜드와 성분의 안전성을 중시하는 응답자 다수
   • 패키지 디자인: 더 세련되고 직관적인 디자인 필요

3. 새로운 타깃층 설정에 대한 인사이트
   • 40대 이상 응답자는 예상보다 높은 참여율(42%)을 기록. 특히 건강 효능과 관련된 피드백에서 높은 만족도를 보임
      "나이 들수록 건강에 신경 쓰게 돼요. 이 음료는 혈당에 대한 걱정 없이 마실 수 있어서 좋습니다."
   • 중장년층(50대 이상) 중 다수는 제로 칼로리와 소화 개선에 큰 관심을 보이며, 음료 선택 시 혈당 관리를 중요 요인으로 삼음
   • 친숙한 맛을 중요시하는 중장년층에게 사과 맛, 배 맛 등 과하지 않은 자연스러운 단맛이 강점으로 작용

"와, 이렇게 빨리! 그런데 이거 믿을 만한 정보 맞아?"

이렇게 빨리 설문 조사 결과를 분석하다니, 신기하면서도 의심스러워서 구래가 물었다.

"사실 거짓 정보를 그럴싸하게 만들어내기도 해서 결과는 꼭 다시 검토해 봐야 해요! 나중에 제가 거짓 정보를 막기 위한 팁들도 알려드릴게요! 지금 은 전반적인 흐름만 봐주세요."

구조화된 표 만들기, 1분 컷

기대에 가득 찬 구래의 얼굴을 보며 민지는 설명을 이어갔다.

"마지막으로 한 가지 더 꿀팁을 알려드릴게요. '이 설문 결과를 가독성 있게 표로 정리해줘!'라고 입력하면 이렇게 간단하게 표로도 볼 수 있답니다!"

착달워터 설문 분석 결과 요약

항목	결과 요약
긍정 피드백	76% 긍정적 응답 / 깔끔한 맛, 건강 효능, 제로 칼로리에 대한 만족
부정 피드백	24% 부정적 응답 / 패키지 디자인 부족, 다소 밋밋한 맛, 가격 부담
키워드 상위 5개	제로 칼로리, 건강, 맛, 신뢰감, 패키지 디자인
40대 이상 인사이트	혈당 관리, 소화 개선에 관심 / 친숙한 맛 선호 (예: 사과) / 제로 칼로리 음료에 높은 만족도

"정말 대단한데……."

구래의 목소리에 생기가 돌았다. 구래는 손에 쥔 햄버거를 테이블에 내려 놓고 옆에 놓인 메모지에 뭔가를 적으며 생각을 정리했다.

"그러니까 이 데이터를 다시 보면……."

구래는 혼잣말처럼 중얼거리며 민지 옆으로 바짝 다가가 모니터를 가리키며 말했다. 민지의 얼굴이 살짝 빨개졌지만 구래는 눈치채지 못하고 머릿속에서 무엇인가를 조합하는 듯했다. 구래의 시선이 모니터와 메모지 사이를 바쁘게 오갔다. 한동안 잊고 지냈던 에너지가 다시금 몸에 깃드는 것 같았다. 구래는 갑자기 자리에서 몸을 일으켰다.

"우리, 사무실로 돌아가서 데이터를 좀 더 자세히 살펴보자! 뭔가 더 찾아낼 수 있을 것 같아."

구래는 미소를 지으며 남은 감자튀김을 서둘러 입에 쑤셔넣고는 문 쪽으로 향했다. 민지는 얼떨떨한 얼굴로 구래를 쳐다봤다.

"선배, 지금 바로 가자는 거예요? 아직 셰이크도 다 못 먹었는데……."

민지는 남은 셰이크를 빠르게 쭉 들이마시다가 차가움에 두통이 몰려와 눈을 질끈 감았다. 민지는 얼른 일어나 구래의 뒤를 졸졸 쫓아갔다.

실전 팁 〉〉〉〉〉 챗 gpt로 잦은 반복 업무 줄이고 칼퇴하기

회의록 정리나 설문 분석은 시작일 뿐입니다. 챗 GPT를 활용하면 반복적이고 손이 많이 가는 일들을 훨씬 빠르고 쉽게 처리할 수 있어요. 지금 당장 써먹을 수 있는 작업부터 유료 버전에서 가능한 고급 기능까지 모두 확인해보세요.

▶ 기본 기능(무료 사용 가능)

활용 상황	예시 프롬프트	업무 내용
일정 및 프로젝트 구성	"신제품 출시 일정을 기획–디자인–제작 순으로 짜줘."	업무 단계 구분, 마일스톤 설정, 일정 흐름 구조화 (텍스트 기반)
이메일, 보고서 문장 수정	"초안을 부드럽고 설득력 있게 다시 써줘."	문장 조정, 논리 흐름 개선, 가독성 향상
긴 문서 정보 추출	"보고서에서 마케팅 관련 내용만 요약해줘."	핵심 문장 추출, 키워드 기반 요약 (문서 길이 제한 내)
엑셀 수식 · 데이터 작업	"매출 데이터를 바탕으로 성장률 계산 수식을 알려줘."	수식 생성, 함수 설명, 표 구성 방식 제안 (파일 업로드 없이)
다국어 번역 및 표현 개선	"이메일을 자연스러운 비즈니스 영어로 번역해줘."	자연스러운 번역, 상황에 맞는 표현 조정, 톤 변경

▶ 고급 기능 (플러스 이상)

활용 상황	예시 프롬프트	업무 내용
반복 알림 설정	"매주 월요일 오전 9시에 보고서 작성 알림을 보내줘."	일정 기반 작업 예약 및 반복 알림 설정
파일 업로드 및 포맷 변환	"이 내용을 엑셀로 정리해줘." "발표용 PPT를 슬라이드로 만들어줘."	업로드된 문서를 분석하여 엑셀, PPT, PDF 등 다양한 포맷으로 변환
심층 리서치 및 아이디어 확장	"MZ세대를 타깃으로 한 마케팅 전략을 조사해줘."	최신 정보 검색, 트렌드 분석, 아이디어 브레인스토밍

참고 사항
- 무료 사용자도 번역, 요약, 문장 수정, 일정 구성 등 핵심 작업을 수행할 수 있습니다.
- 파일 업로드 및 분석, 반복 알림 설정, 심층 리서치 등의 고급 기능은 챗 GPT 플러스 이상의 유료 플랜에서만 제공됩니다.
- 기능과 지원 범위는 지속적으로 업데이트되므로 오픈AI의 공식 자료를 통해 최신 정보를 확인하시기 바랍니다.

 **데이터, 생각만 해도
머리가 아프다면?**

SWOT 분석, 챗 GPT에 맡겨봐

구래와 민지가 회의실에 도착했을 때는 이미 해가 저물기 시작할 무렵이었다. 자리에 앉자마자 구래의 얼굴이 굳어졌다. 모니터에 띄워진 엑셀 파일들을 보는 순간, 익숙한 불안감이 몸을 휘감았다.

"아까는 설렜는데…… 역시 데이터만 보면 가슴이 답답해져."

구래가 깊은 한숨을 내쉬며 말했다.

"몇 달 전에 실수로 잘못된 분석 결과를 보고한 이후 더 심해진 것 같아."

민지는 조금 전 햄버거집에서 보았던 구래의 생기 넘치는 모습이 거짓말처럼 사라진 것을 보며 조금 걱정스러웠다.

"그래도 한번 해보자."

구래는 바로 챗 GPT를 켰다. 데이터 분석에 대한 두려움이 있었지만, 설문 결과를 제대로 들여다보고 싶었다. 구래는 떨리는 손으로 프롬프트를 입력하기 시작했다.

프롬프트 | 너는 음료 시장 분석 전문가야. 이 설문 결과를 바탕으로 착달스파클링의 SWOT 분석을 작성해줘. 현재 경쟁사인 스페셜푸드는 유명 인플루언서를 내세워 공격적으로 마케팅을 하고 있으며, 20~30대 젊은 여성들에게서 뜨거운 반응이 나오고 있는 상황이야. 분석 결과를 SWOT의 네 가지 기준에 따라 작성해줘.

실전 팁 >>>>> SWOT 분석이란?

기업의 내부 환경(강점, 약점)과 외부 환경(기회, 위협)을 분석하는 전략 도구입니다. 강점 Strengths, 약점Weaknesses, 기회Opportunities, 위협Threats의 첫 글자를 따서 'SWOT'라고 부릅니다.

챗 GPT가 분석 결과를 보여주자 구래의 눈이 커졌다.

SWOT 분석 결과 |

강점

'제로 칼로리'라는 핵심 특징이 건강 트렌드와 부합

깔끔한 맛과 건강 효능으로 긍정적인 소비자 반응 유도

20~30대뿐만 아니라 40대 이상 소비자층에서도 긍정적 평가

약점

경쟁사 대비 낮은 브랜드 인지도

덜 자극적인 맛으로 20~30대에게 매력도가 떨어질 수 있음

기회

40대 이상 소비자층의 건강 음료 수요 증가

천연 감미료 등 제품 라인업 확장 가능성

위협

스페셜푸드의 공격적인 마케팅 전략과 높은 광고 예산

유명 인플루언서 유서진의 모델 기용으로 경쟁 제품이 더 주목받는 상황

챗 GPT의 응답을 보고 구래는 확신에 차 민지에게 말했다.

"민지 씨, 우리 어쩌면 타깃을 잘못 잡고 있었는지도 모르겠다."

민지가 살짝 고민하다 물었다.

"우리가 지금 20~30대 여성을 타깃으로 잡고 있는데 어쩌면 시니어층이 더 적절한 타깃일 수도 있겠다는 의미인가요?"

구래가 맞다는 표시로 고개를 끄덕였다.

데이터 분석을 요청할 때 적절한 프레임워크 형태를 골라서 분석해달라고 요청해보세요! 구
구절절하게 프롬프트를 입력하지 않아도 전문성 있는 결과물이 나온답니다.

"OO 관점으로 분석해줘!"

1. 인사

- **3C** | 기업Company, 고객Customer, 경쟁사Competitor
- **SMART** | 구체적Specific, 측정 가능한Measurable, 달성 가능한Achievable, 관련성 있는
  Relevant, 기한이 있는Time-bound 목표 설정
- **HRM** | 인사관리Human Resource Management
- **HRD** | 인재개발Human Resource Development

2. 마케팅

- **STP** | 시장 세분화Segmentation, 표적시장 선정Targeting, 포지셔닝Positioning
- **4P** | 제품Product, 가격Price, 유통Place, 촉진Promotion
- **SWOT** | 강점Strengths, 약점Weaknesses, 기회Opportunities, 위협Threats
- **PEST** | 정치적Political, 경제적Economic, 사회적Social, 기술적Technological 환경 분석

3. 홍보

- **RACE** | 조사Research, 행동Action, 소통Communication, 평가Evaluation
- **PESO** | 유료Paid, 획득Earned, 공유Shared, 소유Owned 미디어 모델
- **5W1H** | 누가Who, 무엇을What, 언제When, 어디서Where, 왜Why, 어떻게How

4. 영업

- **SPIN** | 상황Situation, 문제Problem, 영향Implication, 필요성-이익Need-payoff
- **BANT** | 예산Budget, 권한Authority, 필요성Need, 시기Timeline
- **ABC** | 항상 성사시키기Always Be Closing

5. 기획
- **SMART** | 구체적, 측정 가능한, 달성 가능한, 관련성 있는, 기한이 있는
- **PEST** | 정치적, 경제적, 사회적, 기술적 환경 분석

요즘 트렌드? 퍼플렉시티가 다 찾아줘요

"충분히 납득 가는 말이네요! 그럼 퍼플렉시티로 뒷받침할 만한 논문이나 트렌드를 찾아볼까요?"

민지는 퍼플렉시티에 접속해서 '제로 칼로리 음료 시장 트렌드 최신 데이터'라는 키워드로 검색하기 시작했다.

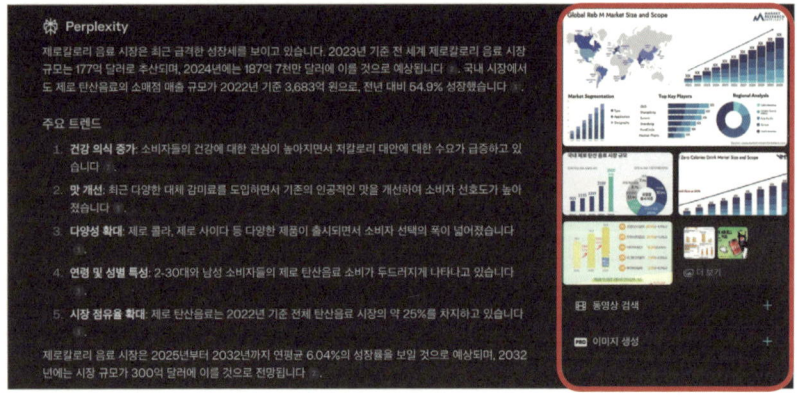

"보세요. 정보마다 다 출처가 나와 있죠? 논문이나 공신력 있는 기사들을

바탕으로 답변하니까 신뢰도가 훨씬 높아요."

구래는 고개를 끄덕였다. 그러곤 평소 본 적 없는 진지한 표정으로 자신의 생각을 논리적으로 말했다.

"가만 보니 헬시 플레저 열풍으로 제로 칼로리 음료 시장이 엄청나게 성장했구나. MZ세대를 중심으로 시작되었으나 시니어층으로도 확산되고 있고……. 그런데 아무래도 MZ세대를 중심으로 트렌드가 시작되었다 보니 음료 마케팅이 모두 그쪽을 향하고 있는 것 같아. 확장해서 생각해보면 이 트렌드는 단순히 음료에 대한 취향이 아니라 건강함과 젊음을 추구하는 문화인 셈인데 말이야. 젊은층에서 시작된 이 문화가 빠르게 시니어층으로 퍼지고 있는 거지. 게다가 액티브 시니어active senior, 뉴시니어new senior 등 젊음을 지향하는 시니어들이 요즘 트렌드로 떠오르고 있잖아."

헬시 플레저란?
'건강한Healthy'과 '기쁨Pleasure'의 합성어로, 건강을 즐겁게 관리하는 라이프스타일을 의미합니다.

"우리가 그 타깃을 선점하는 게 문제 해결의 열쇠일지 모른다는 이야기죠? 젊은층의 문화는 빠르게 바뀌지만 시니어층의 문화는 그에 비해 좀 더 단단하니까 일단 선점하면 고객 충성도도 높을 거고!"

민지가 동조하자 구래는 살짝 상기된 표정으로 퍼플렉시티가 찾아준 논문 중 하나를 골라 쭉 읽어 내려가며 말을 이었다.

"여기 이 논문의 데이터를 봐봐. 5060 뉴시니어들이 음료를 구매할 때 설탕 '제로' 표시가 제품 구매에 얼마나 영향을 미치는지 조사한 결과도 있어. 무려 시니어층의 85%가 제품 구매 시 '제로' 음료 표시에 영향을 받고 있다는 내용이지."

구래의 자신있는 눈빛에 민지는 고개를 끄덕이며 답했다.

"충분히 설득력 있는 가정인데요. 데이터를 좀 더 검증한 뒤 시각화해봐요! 느낌이 좋습니다."

실전 팁 >>>>> 데이터 신뢰도 확보를 위한 3단계 체크리스트

1. 출처 검증
- 챗 GPT의 답변은 반드시 실제 데이터와 대조
- 퍼플렉시티 사용 시 출처의 신뢰도 확인
- 공식 통계, 학술 자료 우선 참고

2. 크로스체크
- 최소 두 가지 이상의 도구로 결과 비교
- 상반된 결과가 나올 경우 원인 분석
- 실제 시장 데이터와 대조 검증

3. 데이터 업데이트 주기 확인
- 실시간 업데이트가 필요한 정보 구분
- 주기적으로 최신 데이터 확인

그래피야, 데이터 특이점을 찾고 시각화 부탁해!

"자, 이번에는 우리가 가지고 있는 소비자 설문 데이터를 한번 분석해볼까요? 몰랐던 인사이트를 찾을 수도 있을 거예요! 이 사이트는 정말 강력 추천하고 싶어요. 데이터의 특이점을 찾고 시각적으로 분석하기에 좋은 도구예요. 설문 데이터를 업로드하면 주요 인사이트를 바로 확인할 수 있어요."

민지는 그래피Graphy를 켜며 말했다.

"그래피? 조금 낯선데?"

나름 유튜브로 이것저것 찾아본 구래지만 생소하다는 반응이었다.

"후후, 그러니까 저의 꿀팁이라는 거죠. 그래피 사이트(https://graphy.app/)에 접속해서 가입한 뒤 사용하면 된답니다. 그래피는 데이터를 분석하고 시각화하는 데 특화되어 있어요. 특히 설문 데이터 같은 걸 분석할 땐 진짜 신세계거든요!"

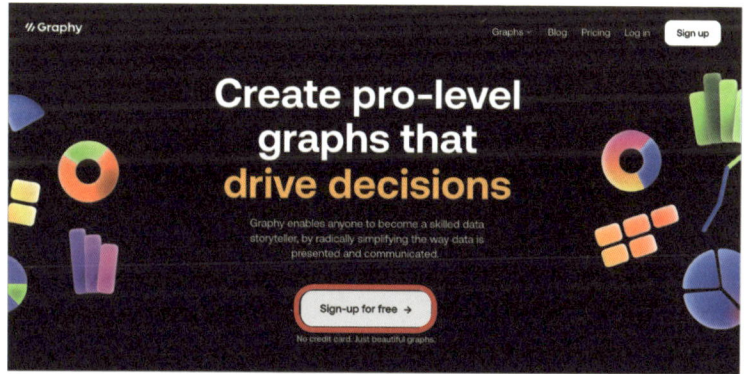

자신감 넘치는 미소를 지으며 민지가 설명을 이어 나가는데, 구래는 떨떠름한 표정을 지었다.

"아니, 다 영어로 되어 있잖아……. 나 영어 잘 못 해."

민지가 웃으며 손사래를 쳤다.

"에이, 선배 AI 시대에 영어 못 한다고 할 수 없는 일이 있다는 건 말도 안 되죠! 게다가 그래피는 사용법이 정말 간단해요. 지금 바로 보여드릴게요."

▶ 초간단, 그래피 사용법

Step 1. 사이트에 접속해서 메인 화면의 '사인 업sign up' 버튼을 클릭한 뒤 가입하세요!

Step 2. 가입이 완료되면 왼쪽 상단의 '뉴new' 버튼을 누르고 우측에서 업로드할 데이터의 포맷을 선택합니다.

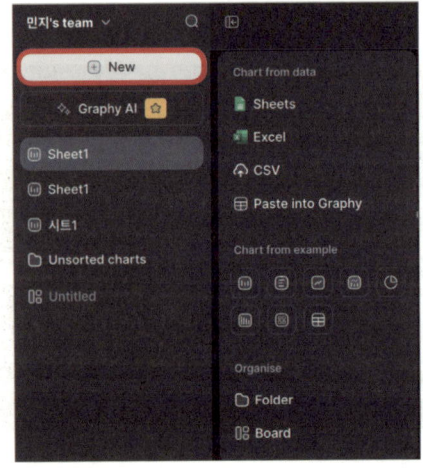

Step 3. 예를 들어, 엑셀로 된 데이터를 가지고 있으면 엑셀을 누르고 엑셀 파

일을 불러옵니다.

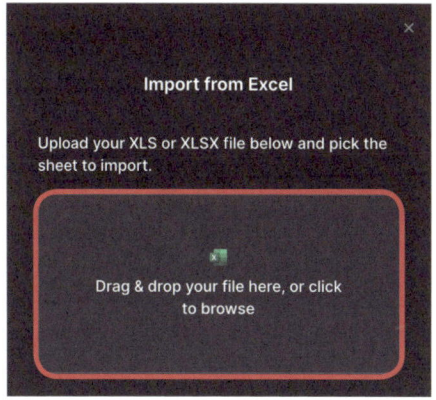

Step 4. 파일을 업로드하면 바로 직관적으로 볼 수 있는 그래프 형태로 만들

어줍니다. 여기서 핵심은 우측 하단의 'AI 라이터$^{AI\ writer}$' 기능! 버튼

을 눌러주세요.

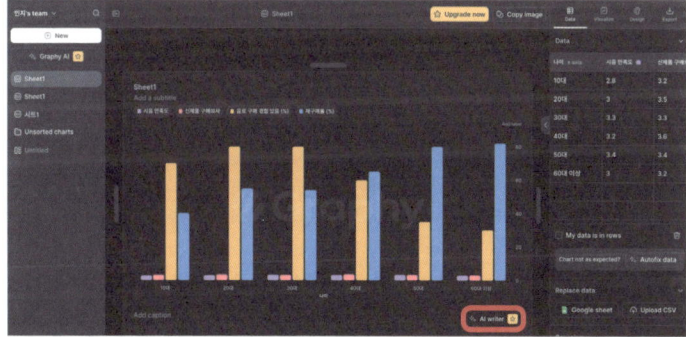

Step 5. 나에게 필요한 분석을 골라 인사이트, 서머라이즈, 애노말리스 중 버튼을 눌러주세요.

구래는 민지의 태블릿 화면을 보며 물었다.

"이 버튼들은 뭐야? 인사이트Insights, 서머라이즈Summarize, 애노말리스 Anomalies? 그냥 아무거나 누르면 되는 거야?"

민지는 기다렸다는 듯 태블릿을 들고 다시 설명하기 시작했다.

"좋은 질문이에요, 선배! 이 버튼들은 그래피의 핵심 기능을 담고 있어요. 간단하게 설명하면 인사이트는 전체적인 흐름을 보여주고, 서머라이즈는 요약해주고, 애노말리스는 특이점을 찾아줘요. 일단 하나씩 누르면서 천천히 알아볼까요?"

민지는 하나하나 짚어가며 설명하기 시작했다.

"첫 번째는 인사이트예요. 데이터를 더 깊이 이해할 수 있는 통찰을 제안 해주는 기능이지요. 데이터를 업로드한 뒤 이 버튼을 누르면 그래피가 알아 서 주요 트렌드나 패턴을 찾아줍니다."

구래가 고개를 끄덕였다.

"그러니까 데이터를 해석하는 데 시간을 덜 들이게 만들어준다는 거지?"

민지가 미소를 지으며 말했다.

"맞아요! 일일이 수치를 보고 해석할 필요 없이 중요한 포인트를 한눈에 알 수 있어요."

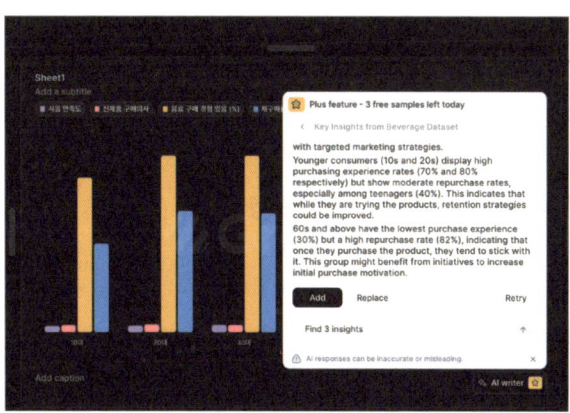

영문으로 된 결과물을 보고 구래가 멈칫하자 민지가 가볍게 말했다.

"영어로 된 답변은 챗 GPT에 번역을 부탁하면 간단하게 우리말로 옮길 수 있어요."

결과 | 50대 연령층은 가장 높은 만족도(3.4)와 신제품 구매 의향(3.4)을 보였으나, 구매 경험률(35%)은 가장 낮습니다. 이는 이들을 대상으로 한 타깃 마케팅 전략을 통해 잠재 시장을 공략할 가능성이 높음을 시사합니다.

10대 및 20대 젊은 소비자들은 높은 구매 경험률(각각 70%, 80%)을 보이나, 특히 10대의 재구매율(40%)은 중간 수준에 그칩니다. 이는 제품을 구매하더라도 유지 전략을 개선할 필요가 있음을 나타냅니다.

60대 이상 연령층은 가장 낮은 구매 경험률(30%)을 보이지만, 높은 재구매율(82%)을 나타냅니다. 이는 이 연령층이 일단 제품을 구매하면 지속적으로 사용하는 경향이 있음을 보여줍니다. 이 그룹에는 맞춤형 유지 캠페인이 효과적일 수 있습니다.

민지는 차분하게 설명을 이어갔다.

"두 번째는 서머라이즈예요. 서머라이즈는 말 그대로 요약이에요. 우리가 모든 데이터를 살펴보기에는 양이 너무 많잖아요. 이 버튼을 누르면 전체 데이터를 파악해서 핵심 내용을 정리해줘요. 보고서를 작성할 때 진짜 유용하지요."

구래는 관심을 보이며 말했다.

"그래피를 이용하면 보고서를 쓰는 데 걸리는 시간이 확 줄어들 것 같아."

민지가 고개를 끄덕였다.

"완전히 확 줄어들죠! 그리고 무엇보다 데이터의 전반적인 흐름을 파악할 수 있어요. '이 데이터로 뭘 해야 하지?' 고민될 때 딱 눌러보세요."

민지의 표정이 갑자기 진지해졌다.

"그리고 마지막으로 애노말리스가 있어요. 이건 진짜 대단한 기능이에요. 데이터를 살펴볼 때, 대부분 비슷한 패턴이 반복되지만 가끔 생각지 못한 특이한 점이 눈에 띄기도 하잖아요."

구래는 눈썹을 치켜올리며 물었다.

"그러니까 데이터에서 이상한 점을 자동으로 찾아주는 거야?"

민지가 고개를 끄덕이며 말했다.

"맞아요! 이 기능 덕분에 우리가 자칫 놓칠 수 있는 중요한 인사이트를 발견할 수 있지요."

민지가 애노말리스 버튼을 누르자 또 영어가 쏟아졌다.

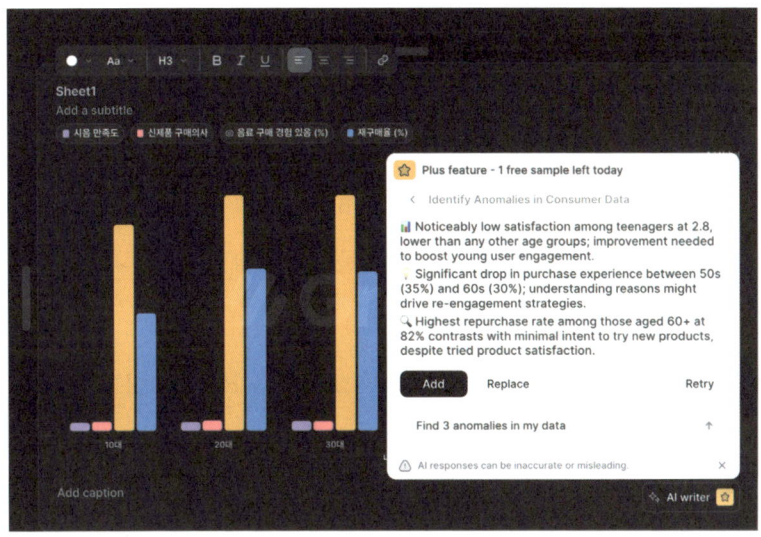

"아유, 빨리 번역해봐. 무슨 내용인지 궁금하다!"

결과 | 📊 10대의 만족도가 2.8로 다른 연령대에 비해 두드러질 정도로 낮습니다. 젊은층의 참여를 높이기 위해 개선이 필요합니다.

📉 50대(35%)와 60대(30%) 사이에서 구매 경험률이 크게 감소한 이유를 파악하면, 이를 바탕으로 재참여 전략을 세울 수 있습니다.

🔍 60대 이상은 82%로 가장 높은 재구매율을 보이지만, 제품 만족도와는 별개로 신제품에 대한 시도 의향은 낮게 나타났습니다.

번역된 내용을 살펴본 구래는 아이디어가 막 떠오르는지 상기된 표정으로 말했다.

"문자를 활용해서 답변을 정리해주니 더 잘 이해되는 것 같아. 이렇게 정리된 데이터를 보니 각 연령층의 특성과 니즈를 명확히 파악할 수 있어서 좋네. 이를 바탕으로 각각의 타깃에 적합한 전략을 설계하면 고객 만족도와 참여도를 동시에 끌어올릴 수 있을 거야."

구래의 말이 점점 빨라졌다.

"우선, 10대는 만족도가 낮은 이유를 정확히 분석하는 게 중요해. 불만족 요인을 조사해서 그에 맞춘 개선안을 내놓아야지. 예를 들어, 제품 디자인이나 사용자 경험UI/UX이 중요할 수도 있으니 젊은 감각에 맞춘 제품 개편이나 SNS 캠페인을 기획하면 좋을 것 같아. 50대는 구매 경험이 적으니까 접근성을 높이는 게 핵심이야. 오프라인 매장에서 샘플을 체험할 기회를 제공하거나, 간편한 구매 경로를 안내하는 식으로 말이지. 마지막으로 60대는 재구매율이 높은 만큼 충성 고객에 대한 혜택을 강화하면서 신제품을 체험할 기회를 자연스럽게 제공해야 해. 예를 들어, 기존 구매자들에게 신제품 샘플을 무료로 제공하거나 번들링 할인 같은 걸 제안하는 거지."

민지는 구래의 적극적인 모습에 깜짝 놀라 입이 떡 벌어졌다. 그러다 고개를 끄덕이며 말했다.

"정말 구체적이네요! 이렇게 데이터를 바탕으로 세대별 맞춤 전략을 세우니까 기획안의 방향성이 바로 잡히는 것 같아요. 이 데이터를 더 직관적으로 보여주고 싶은데, 막대그래프는 좀 아쉽지요? 우측의 '비주얼라이즈visualize' 버튼을 클릭해서 우리가 원하는 형태의 그래프를 찾아볼게요."

민지는 여러 가지 유형의 그래프 중 연령별 구매율을 가장 가독성 있게 보여주는 선 그래프를 선택해서 보여줬다.

"선배, 이거 어때요?"

"오, 훨씬 이해하기 편한 것 같아. 이 그래프를 기획안에 옮겨서 쓰려면 캡처해야 돼?"

구래가 물었다.

"우측 상단의 '익스포트Export' 버튼을 눌러서 원하는 이미지 사이즈를 정한 뒤 '카피Copy' 버튼을 누르거나 '다운로드Download' 버튼을 누르면 돼요! 저는 일단 다운받은 뒤 회사 템플릿 형태에 맞게 재가공해서 써요."

1. 인사이트

• 기능

데이터를 자동으로 분석해 주요 패턴, 트렌드, 통계를 강조

예를 들어, 재구매율이 가장 높은 연령대나 구매 의사가 가장 낮은 연령대를 부각시킴

• 활용

방대한 데이터에서 핵심 정보를 빠르게 파악하고 싶을 때 사용

2. 서머라이즈

• 기능

데이터의 전반적인 내용 요약

요약된 결과에 평균값, 최대값, 최소값, 또는 데이터 분포 등의 정보 포함

• 활용

전체적인 데이터를 한번에 요약하거나, 어떤 부분을 상세히 분석할지 결정할 때 유용

3. 애노말리스

• 기능

데이터에서 비정상적이거나 평균적인 범위를 벗어난 값을 자동으로 탐지

예를 들어, 특정 연령대에서 구매 의사가 유난히 낮은 경우를 강조

• 활용

고객 이탈 원인, 제품의 문제 탐색 등 이상값이 비즈니스 인사이트에 중요한 역할을 할 때

"근데 매번 이렇게 접속해서 써야 하는 거야? 조금 번거롭지 않을까?"

귀찮은 건 딱 질색인 구래가 어깨를 으쓱이며 물었다.

"접속하는 게 귀찮다면 크롬 웹스토어에서 확장 프로그램으로 그래피를 설치하세요. 그러면 구글 스프레드시트에서 바로 사용할 수 있거든요."

실전 팁 >>>>> 그래피, 확장 프로그램으로 더 쉽게 사용하기

① 크롬 웹스토어에서 확장 프로그램 '세이브 투 그래피^{Save to Graphy}'를 검색한 뒤 추가한다.

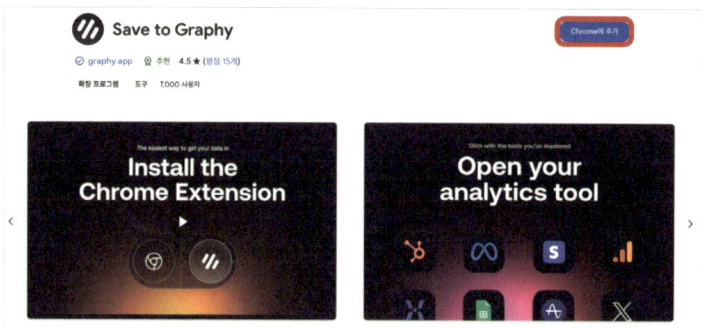

② 스프레드 시트에서 기본 차트를 생선한 뒤, 차트 위로 마우스 커서를 가져가 '세이브 투 그래피' 버튼을 누른다.

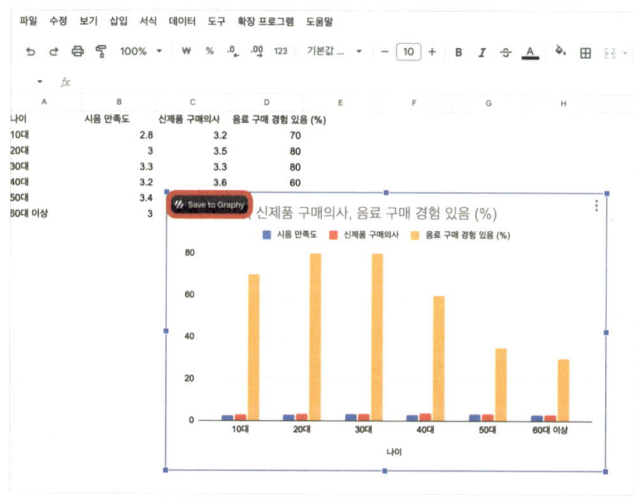

③ 완성된 그래프를 확인하고 파일을 저장한다.

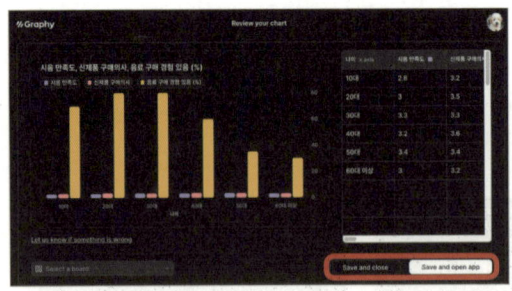

민지가 만들어낸 결과물을 보며 구래의 확신은 점점 강해졌다.

"이렇게 정리된 자료를 보니 내 아이디어에 더 확신이 드네! 이 데이터를 중심으로 구체적인 전략을 짜고 실행 방안까지 정리하면 훨씬 설득력 있는 기획안이 만들어질 것 같아!"

열심히 민지의 설명을 들으며 구래는 눈을 반짝였다. 그제야 구래가 자신을 뚫어지게 바라보고 있다는 사실을 깨달은 민지는 부끄러운 듯 얼굴이 살짝 빨갛게 변했다. 자신의 마음을 들킬 것만 같아 긴장됐다.

'구래 선배는 왜 이렇게 가까이 있는 거야. 혹시 콩닥거리는 소리가 들리면 어쩌지…….'

민지는 걱정됐다.

"아…… 아니야."

구래가 머뭇거렸다. 구래의 표정이 어딘지 석연치 않았다. 뭔가 할 말이 있는데 참고 있는 것처럼 보이기도 했다. 혹시 설마……? 설마 내 마음을 눈치챈 걸까? 민지의 가슴이 콩닥콩닥 뛰었다.

"뭔데요? 선배, 괜찮으니까 편하게 말해보세요."

민지는 기대하는 말이라도 있는 듯 재촉하며 물었다. 설마 구래가 자신을 좋아하는 게 아닐까, 그 마음을 고백하려는 건 아닐까 내심 기대하는 마음에 가슴이 거칠게 뛰기 시작했다.

"그…… 솔직히 말하면……."

구래가 계속 뜸을 들이며 입을 떼지 못하자 민지의 얼굴은 점점 더 빨개졌다. 그때 구래가 투덜거리며 말했다.

"그래, 그냥 솔직히 말할게. 민지 씨, 그렇게 안 봤는데 정말 치사하다. 치사해. 이렇게 좋은 게 있으면 좀 진작 알려주지 그랬어. 나 맨날 혼자 야근할 동안 민지 씨는 AI에 일 시키고 칼퇴했던 거 아냐! 그런 줄도 모르고 괜히 혼자 열등감을 느꼈잖아. 내가 얼마나 고민하고 힘들어 했는지 알아? 그나저나 아까부터 얼굴은 왜 그렇게 빨개? 모니터를 너무 오래 봐서 그런가. 혹시 어디 아파?"

구래의 말에 민지는 숨을 크게 들이마셨다가 내뱉었다. 그러고는 무언가 단단히 삐진 듯한 표정으로 회의실 문을 세게 열고는 말했다.

"치사한 민지는 지금 바로 칼퇴하겠습니다. 나머지는 선배 혼자 알아서 하세요."

민지가 문을 닫고 나가자 구래가 중얼거렸다.

"치사했다는 말은 좀 심했나……."

5월 15일 구래의 일기

오늘 민지 씨에게 치사하다고 한 건 좀 그랬나?

그렇다고 갑자기 그렇게 문을 쾅 닫고 나가버릴 줄은 몰랐다.

도저히 이유를 모르겠어서 챗GPT와 클로드에 구체적인 상황을 설명하며

민지 씨가 화난 이유를 물어봤다.

[챗GPT의 답변]

민지 씨가 화난 이유는 '치사하다'라는 말이 그녀에게 부정적으로

들렸기 때문입니다. 그 표현은 민지 씨의 입장에서 본인이 의도적으로

중요한 정보를 늦게 알려주거나 숨긴 것처럼 들릴 수 있어요.

[클로드의 답변]

단순히 '치사하다'라는 말 때문에 화가 난 것 같지는 않아요.

그보다는 민지 씨가 당신을 좋아할 가능성이 있어 보이네요.

어쩌면 그녀의 감정이 당신에게 살짝 드러난 것인지도 몰라요.

흠…… 별로 와닿는 답변이 없다.

특히 클로드는 민지 씨가 나를 좋아하는 것 같다는 말도 안 되는 소리를 했다.

클로드 녀석 모태솔로지? 챗 GPT라도 소개해줘야 하나?

이럴 때 보면 AI가 아주 똑똑한 것 같지는 않다.

아! 혹시…… 아까 점심 때 밀크셰이크를 다 못 먹어서

그때부터 화가 나 있었던 건 아닐까?

생각해보니 그때부터 약간 얼굴이 빨갰던 것 같다!

역시…… 그래서 화가 났구나!

내일 밀크셰이크를 두 개 사주면서 기분을 풀어줘야겠다.

Part 3

프로답게,
더 스마트하게!

6장

실전에서 통하는 기획서 만들기

AI의 기획안, 생각보다 별론데?

구래는 출근길 내내 고민했다. 어떻게 하면 민지의 마음을 풀어줄 수 있을까.

"이거, 어제 못 마신 거. 그리고 치사하다고 해서 미안해. 그냥 장난으로 한 말이야."

구래는 밀크셰이크를 내밀며 어색하게 말했다.

민지는 피식 웃었다. 자신이 삐진 진짜 이유는 전혀 짐작도 못 한 채, 혹시 밀크셰이크 때문은 아닐까 고민한 구래가 귀여웠다. 민지의 표정이 부드러워지자 구래는 안도하며 말을 걸었다.

"어제 민지 씨가 퇴근한 뒤 밤늦게까지 남아 기획서 초안을 잡아봤어. 배운 내용들을 되새기면서 나름 열심히 해봤어."

어린 후배에게 칭찬이라도 받고 싶었는지 쑥스러워하며 구래가 챗 GPT 창을 보여줬다.

"제가 좀 봐도 될까요?"

민지는 모니터 화면을 천천히 내리면서 꼼꼼하게 읽었다. 배운 내용을 적용하고 응용하며 나름 새벽까지 열심히 애쓴 흔적이 보였다.

[1차 프롬프트]

당신은 20년 경력의 베테랑 마케팅 전략가입니다. 임원 발표용 SNS 마케팅 전략 기획서를 만드는 중입니다. (역할 설정)
우리 회사는 다음 달 제로 칼로리 음료 착달스파클링을 출시할 예정입니다. 경쟁사는 20~30대를 타깃으로 설정하고 공격적으로 마케팅을 펼치고 있습니다. 당신은 경쟁사와 차별화되게 우리의 메인 타깃으로 시니어층을 설정해야 한다고 설득하고자 합니다. 참고로 현재 마케팅 비용이 부족한 상황이며, 상사에게 AI 모델 및 AI를 활용한 마케팅 전략을 짜라는 지시를 받았습니다. (맥락 제공)
아래 데이터를 바탕으로 착달스파클링의 시니어 타깃 확장 전략을 수립하고 기획안을 만들어주세요. (작업 명확화)

첨부 자료 |
• 연령별 구매 데이터.xlsx (50대 구매율 35%, 60대 구매율 30%)
• 설문조사 결과.csv (시니어층 재구매율 82%, 제로 칼로리 음료 반응도 85%)
• 시장조사 리포트.pdf (헬시 플레저 트렌드의 시니어 확산)

기획안의 필수 구성 요소를 모두 반영해서 SNS 마케팅 전략 기획서를 제작해주세요. (형식 요청)

구래의 프롬프트 뒤에 이어진 챗 GPT의 답변은 깔끔했지만 뭔가 부족했다. 이어서 구래가 프롬프트 최적화를 시도한 흔적이 보였다.

[2차 프롬프트]

더 나은 기획안을 위해 어떤 정보가 더 필요할까요?

챗 GPT는 '경쟁사의 시니어층 마케팅 현황, 시니어층이 주로 이용하는 유통 채널, 연령대별 구매 시 의사결정 요인 등'을 요구했다. 구래는 요구 사항을 참고해서 최대한 구체적으로 정보를 입력했고, 이를 바탕으로 챗 GPT는 결과물을 만들어냈다. 새 기획안을 보며 민지가 눈을 반짝였다.

▶ 제로 칼로리 음료 '착달스파클링' SNS 마케팅 기획서

1. 개요
  - **캠페인 명** | 내 몸에 착, 내 기분에 달콤
  - **목표** | SNS를 활용해 시니어 타깃의 브랜드 인지도 향상 및 구매 전환 유도
  - **핵심 메시지** | 건강을 즐겁게 관리하는 한 모금의 선택
  - **SNS 주요 플랫폼** | 페이스북, 유튜브, 카카오톡, 인스타그램(시니어 친화도 순)

2. 시니어 타깃 분석
  - **연령층** | 50~70대
  - **주요 관심사** | 건강 정보(영양 관리, 혈당 관리 등), 가족과의 여가 활동, 실용적이고 가성비 높은 제품
  - **SNS 활동 특징** | 페이스북 및 카카오톡 활용률 높음
    유튜브에서 건강 콘텐츠 시청 비율 증가
    시니어 인플루언서의 주요 접점은 인스타그램

3. SNS 마케팅 전략

3.1 콘텐츠 전략

1. 건강 정보 중심 콘텐츠

- 주제 | 제로 칼로리 음료로 시작하는 가벼운 하루
- 형식 | 인포그래픽: 제로 칼로리 음료가 혈당에 미치는 영향
  짧은 동영상: 하루 1병, 착달스파클링과 함께하는 건강한 루틴

2. 스토리텔링 콘텐츠

- 주제 | 시니어 고객의 경험 공유
- 형식 | 고객 인터뷰: 50대 주부 김씨의 착달스파클링 체험기
  카드 뉴스: 가족과 함께 건강을 관리하는 방법
  (중략)

"음…… 뭔가……."

민지가 뜸을 들이자 구래가 먼저 입을 열었다.

"그냥 그렇지? 맞아. 그냥 그렇더라. 요구하는 데이터를 충분히 제공해도 제대로 분석하지 못하는 것 같아. 프롬프트가 조금만 길어져도 요구 사항을 자꾸 놓치고 말이야. 분명 프롬프트에 AI를 활용한 SNS 마케팅 기획안을 짜 달라고 했는데…… 기억 못 하네."

구래의 말을 들은 민지가 뭔가 생각난 듯 구래에게 노트북을 빌려달라고 했다. 그리고는 클로드 창을 열어서 구래가 입력한 프롬프트를 그대로 입력 하자 전혀 다른 결과물이 나왔다. 특히 AI 기반 SNS 마케팅 전략이 추가되 어 나오는 것을 확인할 수 있었다.

▶ 제로 칼로리 음료 '착달스파클링' SNS 마케팅 기획서

착달스파클링 시니어 타깃 확장 전략

1. 시장 현황 분석
- **경쟁사** | 20~30대를 중심으로 한 공격적 마케팅 전개
- **시니어 시장 기회** | 50~60대 구매율 65%, 재구매율 82%

2. 시니어 타깃 특징
- 경쟁 강도 낮음(블루오션)
- 높은 구매력과 안정적 소비 성향

3. AI 기반 SNS 마케팅 전략

　3.1 콘텐츠 전략

　　1. AI 기반 시니어 맞춤 SNS 콘텐츠 제작
　　　GPT-4 활용 시니어 친화적 카피라이팅
　　　달리 3 활용 시니어 타깃 이미지 생성
　　　건강 정보 + 제품 연계 인포그래픽

　　2. 실버 인플루언서 협업
　　　AI 데이터 분석으로 최적 인플루언서 선정
　　　건강한 라이프스타일 콘텐츠 제작
　　　(중략)

챗 GPT X 클로드, 둘이 협업해서 기획안 작성해줘

결과물을 훑어본 구래는 감탄했다.

"비교해보니 확실히 클로드가 긴 문맥을 잘 파악하는 것 같네. 그런데 기

획안의 전체적인 구조나 세부 항목별 체계성은 챗 GPT가 더 나은 것 같아. 이 둘이 회의를 해서 그 결과를 정리한 뒤 가져오라고 하고 싶네."

구래의 말에 민지가 재밌는 아이디어라는 듯 손뼉을 쳤다.

"와, 정말 그렇게 해볼까요? 각자 초안을 써보라고 한 뒤에 서로 검수시키고, 또다시 새로 쓰게 하는 거예요. '마음에 드는 결과물이 나올 때까지 둘 다 퇴근 못 해!' 이렇게 말하는 거죠."

광기인지 광채인지 맑은 눈을 빛내면서 말하는 민지를 보며 구래는 새삼 민지가 후배라서 참 다행이라는 생각을 했다.

구래는 챗 GPT와 클로드가 제시한 각각의 기획안을 복사해서 붙여넣은 뒤 서로 검토하고 솔직하게 피드백해달라고 프롬프트를 입력했다. 두 AI는 서로의 기획안을 날카롭게 분석하기 시작했다.

먼저 챗 GPT가 클로드의 기획안을 꼼꼼히 지적했다.

클로드가 작성한 기획안은 전체적인 구조가 산만하며, 세부 실행 계획이 모호합니다. 시장 분석은 날카롭지만 구체적인 핵심성과지표KPI 설정이 부족합니다.

클로드의 피드백도 예리했다.

챗 GPT가 작성한 기획안은 체계는 잡혀 있으나 시니어 고객의 실제 니즈와 감성적인 부분에 접근하는 관점이 아쉽습니다. 특히 AI를 활용한 마케팅 전략이 구체적이지 않네요. 제가 작성한 기획안이 더 나은 것 같습니다.

피드백 결과를 보며 민지가 가볍게 말했다.

"둘이 약간 기싸움하는 것 같죠? 기분 탓일 수도 있는데, 특히 클로드가 챗 GPT를 경계한다고 해야 하나 질투한다고 해야 하나……. 그런 느낌이 드네요."

민지는 AI끼리 협업시키는 이 상황이 묘하게 느껴졌다. 괜히 기싸움하는 두 선배들 사이에 낀 듯한 느낌마저 받았다. 이런 느낌을 진지하게 이야기하는 민지를 보며 구래는 말도 안 된다는 듯 웃으며 말했다.

"에이……, 너무 감정이입한 거 아냐?"

민지는 답답하다는 듯 목소리를 높였다.

"진짜예요! 전에 어떤 사람의 마음을 잘 모르겠어서 챗 GPT와 클로드 둘 모두에 고민을 털어놓은 적이 있거든요. 서로 다른 답을 주길래 클로드에 '챗 GPT는 너랑 의견이 다르다고 하던데?'라고 했더니 클로드가 약간 빈정거린다고 해야 하나……, 아무튼 챗 GPT는 사람의 마음을 잘 모른다고, 자기가 더 잘 안다는 식으로 이야기하더라고요."

"에이……, 그럼 어디 한번 보여줘봐. 무슨 고민이었는데? 안 보고는 못 믿겠다."

구래가 민지의 노트북 화면에 떠 있는 클로드를 보려고 하자 민지가 깜짝 놀라 허둥지둥 화면을 가렸다. 구래가 자기를 좋아하는지 안 좋아하는지 클로드와 챗 GPT에 물어본 것을 들킬까 봐 걱정된 것이다.

"아, 선배! 프라이버시!"

민지가 구래를 손으로 세게 밀었다. 차분하기만 한 줄 알았던 민지가 생각보다 솔직하게 감정을 드러내는 것을 몇 번 경험하면서 구래는 '역시 사람은 겪어봐야 아는 거야'라고 생각하며 어깨를 으쓱했다. 그러면서 자신도 어제 챗 GPT와 클로드에 민지가 자기한테 왜 화를 내는지 물어봤기에 민지도 뭔가 사정이 있겠지 싶어 더 이상 묻지 않기로 했다.

"아유, 안 봐. 안 봐. 일합시다. 음……, 보니까 챗 GPT의 체계적인 구조와 클로드의 인사이트를 합치면 좋을 것 같아. 각자의 장점을 최대한 살려보자. 챗 GPT가 만든 기획안의 전체적인 구조는 유지하되, 클로드가 제시한 시니어 타깃 인사이트를 넣어볼까?"

수정 작업이 시작됐다. 챗 GPT의 4단계 구조(시장 분석-타깃 전략-실행 계획-기대 효과)를 뼈대로 삼았다. 여기에 클로드가 제안한 시니어 세분화 전략을 더해 시니어 연령층을 뉴시니어(50~65세), 액티브 시니어(65~75세), 시니어 플러스(75세 이상)로 구분했다. 그런 다음 챗 GPT는 분야별 KPI와 실행 계획을 체계적으로 구조화했다.

가장 큰 변화는 AI 마케팅 전략 부분에 있었다. 클로드가 제안한 실버 인플루언서 발굴 아이디어를 챗 GPT는 현실적으로 구체화했다. 분야별로 다른 톤앤매너Tone&Manner를 적용한 AI 모델 이미지, 맞춤형 카피라이팅 전략까지 체계적으로 정리했다. 수정에 수정을 거듭하며 기획안은 점점 더 탄탄해졌다. 시장 분석부터 실행 전략까지 논리적 구조와 창의적 인사이트가 조화를 이뤘다. 결과물을 보며 구래의 눈이 커졌다.

▶ 제로 칼로리 음료 '착달스파클링' SNS 마케팅 기획서

"착달 시니어, 삶의 새로운 챕터"

슬로건 | 건강은 가볍게, 젊음은 깊게. 착달스파클링과 함께

1. 새로운 문화를 창출하다: 착달 시니어의 탄생

1.1 착달 시니어란?

- 착달스파클링과 함께 건강하고 활기찬 삶을 즐기는 50~75세의 새로운 라이프 스타일 세대
- 젊은 세대의 언어와 감각을 수용한 시니어층의 새로운 아이콘
- "건강은 선택, 젊음은 습관"이라는 메시지를 통해 시니어층의 자신감을 고취하고 세대간의 연결 강화

1.2 전략적 메시지

- 젊은층 | 효도도 힙하게! 부모님께 착달스파클링을 선물하세요
- 시니어층 | 건강을 사는 것이 아니라 새로운 에너지를 선택하세요

2. 착달스파클링만의 독창적인 캠페인: 경계를 허무는 아이디어

2.1 착달 러닝 시니어 프로젝트

콘셉트 |

- 건강은 활동에서 시작되며, 함께하는 순간 완성된다
- 착달스파클링은 단순한 음료가 아니라 활력과 젊음을 되찾는 동반자

프로그램 |

1) 착달 러닝 챌린지
   - 전국 공원 및 러닝 코스에서 시니어 러닝 이벤트 개최
   - 참가자들에게 착달스파클링 샘플과 착용형 스마트밴드를 제공해 건강 데이터를 실시간으로 추적
   - 참여형 SNS 캠페인
     참가자가 러닝 인증 사진을 '#착달챌린지' 해시태그로 게시
     가장 창의적인 인증 콘텐츠를 선정해 러닝 키트(스마트밴드 + 음료 패키지) 증정

2) 착달 러닝 인플루언서 프로그램
   - "착달 시니어 앰배서더" 선정

- AI 기술을 활용해 각 지역에서 가장 활발한 시니어 러너 발굴
- 이들을 중심으로 커뮤니티를 형성하고 건강한 라이프스타일 콘텐츠 제작
- 영상 콘텐츠 제작
  - "60대 러너가 전하는 건강 루틴" 시리즈를 유튜브 및 인스타그램에 게시

2.2 AI로 탄생한 광고 모델: 착달 시니어의 새로운 아이콘

콘셉트 |

- 단순히 젊고 완벽한 외모가 아닌, 시니어들의 건강한 에너지와 삶의 생동감을 시각적으로 구현
- 분야별 타깃에 따라 최적의 비주얼을 갖춘 AI 광고 모델을 통해 세대간 공감 유도

적용 방식 |

1) AI 기반 다이내믹 모델링

  AI를 활용해 뉴시니어, 액티브 시니어, 시니어 플러스 등 부문별 맞춤형 광고 모델 생성

  - 뉴시니어: 에너지가 넘치며 트렌디한 스타일의 모델
  - 액티브 시니어: 활동적이며 여유로운 삶을 즐기는 모델
  - 시니어 플러스: 가족과 함께하는 따뜻하고 안정적인 이미지를 강조한 모델

2) 혼합 현실 활용

- AR 필터를 통해 소비자가 AI 모델과 함께 가상 러닝 체험을 하도록 구현
- 예를 들어, AI 모델과 함께 러닝 인증샷을 찍고 해시태그 공유하기

3) 인터랙티브 콘텐츠 제작

- AI 모델이 착달스파클링의 메시지를 전하는 짧은 영상 시리즈 제작
- 틱톡에서 트렌디한 챌린지 참여 유도
  - "AI 모델과 건강 루틴 공유" 이벤트
- AR 광고: AI 모델이 러닝 동작을 시연하고 QR 코드를 통해 착달스파클링 프로모션 참여 유도

2.3 착달 AI 아카데미: 배움으로 젊음을 완성하다

콘셉트 |

- 건강한 몸뿐 아니라 배움을 통해 지속가능한 젊음 추구
- 시니어에게 새로운 디지털 경험을 제공하며 브랜드와의 정서적 연결 강화

1) AI 강의 및 실습
- AI로 건강 데이터 관리하기
- 디지털 기기를 활용한 건강 습관 만들기

2) 현장 이벤트
- 강의 참가자에게 착달스파클링 샘플 제공
- SNS에 참여 인증 시 AI 아카데미 스페셜 키트 증정

3. 세대를 연결하는 착달 효도 마케팅

3.1 효도 박스 캠페인

콘셉트 |
- "부모님께 힙하게 건강을 선물하세요."
- 젊은층과 시니어층 사이의 감정적 연결 강화

프로그램 |

1) 착달 효도 박스
- 착달스파클링과 건강 관련 아이템(영양제, 혈당 측정기)을 포함한 선물 패키지
- 온라인 스토어 및 오프라인 매장에서 판매

2) 효도 챌린지
- 부모님과 함께 효도 박스를 개봉하고 착달스파클링을 마시는 순간을 SNS에 공유
- 가장 따뜻한 스토리를 가진 영상에 "가족 여행 상품권" 증정

4. KPI와 기대 효과: 데이터를 기반으로 한 명확한 목표

캠페인 목표	KPI	기대 효과
착달 러닝 시니어 프로젝트	참여율 50%, SNS 공유율 40% 상승	건강 중심의 브랜드 이미지 확립 및 참여형 마케팅 강화
착달 AI 아카데미	강의 참여율 35%, 샘플 구매율 20% 상승	시니어층과 브랜드의 정서적 연결 강화
효도 박스 캠페인	젊은층 구매율 25% 상승	세대간 감정적 연결을 통한 시장 확장

5. 결론: 착달스파클링, 세대를 넘나드는 새로운 아이콘

- 건강의 동반자: 착달 러닝과 AI 아카데미로 몸과 정신 모두를 건강하게
- 효도의 매개체: 젊은층과 시니어층을 연결하는 트렌디한 선물로 자리매김
- 세대간 공감의 상징: AI 모델과 혁신적 콘텐츠로 젊은층과 시니어층 모두의 사랑
  을 받는 브랜드로 성장

"착달스파클링은 건강을 넘어 세대를 연결합니다. 당신의 삶을 새롭게 정의하는 첫
걸음, 착달스파클링과 함께 시작하세요."

"이 정도면 임원 미팅 때 발표해도 괜찮겠는데……. 다만 내용이 많다 보
니 이 아이디어들을 차트나 도표로 직관적으로 볼 수 있게 만들어두면 더
좋을 것 같아."

"그것도 냅킨 AINapkin AI로 가능해요. 저희, 커피 한 잔 마시고 와서 할까
요. 수업료로 오늘도 전 바닐라 라테요."

민지는 피곤한 듯 하품을 하면서도 만족스러운 표정이었다. 구래는 모니
터를 보며 생각했다.

'AI도 서로의 부족한 점을 채워가며 더 나은 결과를 만들어내는구나. 챗
GPT의 꼼꼼함, 클로드의 통찰력이 만나 시너지를 내는 것처럼 어쩌면 이
시대에 가장 필요한 건 똑똑한 개인이 아니라 서로 다른 강점을 가진 이들
의 협업인지도 모르겠다.'

구래는 옆자리의 민지를 슬쩍 바라봤다. 처음엔 불편했던 후배의 존재가
이제는 든든하게 느껴졌다. AI를 두려워하던 자신에게 차근차근 길을 알려

준 민지, 그리고 새로운 가능성을 보여준 AI들. 이제야 조금 세상을 알 것 같았다. 혼자서 할 수 있는 것은 아무것도 없다는 것을.

냅킨 AI야, 핵심 메시지를 딱! 시각화해줘

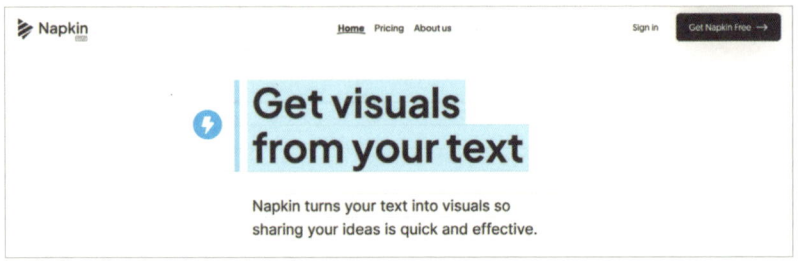

"아까 정리한 기획서 초안…… 그냥 텍스트로만 설명하니까 좀 밋밋한 느낌이야."

구래의 말에 민지가 조용히 노트북을 꺼냈다.

"이런 자료는 차트로 시각화하면 훨씬 설득력이 있지요. 그래서 제가 하나 준비한 게 있어요."

구래는 고개를 돌려 민지를 바라봤다.

"근데 지금 차트까지 만들 시간이 있겠어?"

"냅킨 AI라는 툴을 쓰면 진짜 금방이에요. 텍스트만 넣으면 알아서 차트랑

플로 다 만들어주거든요."

"오, 그런 것도 있구나?"

구래가 눈을 살짝 동그랗게 떴다.

"한번 믿어보세요. 딸깍, 드래그하면 끝나요."

Step 1. 새 창을 실행합니다.

민지는 브라우저를 열고 'https://www.napkin.ai'에 접속했다.

"여기 왼쪽 위에 '뉴 냅킨New Napkin' 버튼 보이죠? 이 버튼을 누르면 세 가지 옵션이 나와요.

그중에서 '드래프트 위드 AIDraft with AI'를 선택하면 텍스트만 넣어도 알아서 구조화된 초안을 만들어줘요. 생각을 정리할 때 최고예요."

"오, 자동으로? 그거 좋다."

"'임포트 프롬 파일Import from File'을 누르면 기존에 만든 문서나 발표 자료를 업로드해서 시각화할 수 있어요. '블랭크 냅킨Blank Napkin'은 완전 백지 상태에서 시작해서 자유롭게 그릴 수 있지요. 브레인스토밍할 때 특히 좋아요."

"음…… 우린 빨리 끝내야 하니까 자동이 최고겠다."

"그렇죠? 그럼 '드래프트 위드 AI'를 눌러볼게요."

Step 2. 텍스트를 입력하면 AI가 항목별로 구조화된 초안을 만들어줍니다.

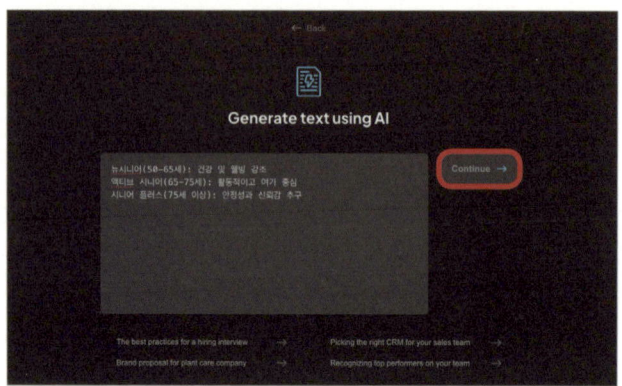

민지는 아래 내용을 붙여넣었다.

– 뉴시니어(50~65세): 건강 및 웰빙 강조

– 액티브 시니어(65~75세): 활동적이고 여가 중심

– 시니어 플러스(75세 이상): 안정성과 신뢰감 추구

"이제 '컨티뉴Continue' 버튼 누르면…… 짠."

몇 초 후, 냅킨 AI가 생성한 자료 초안을 화면에 띄웠다. 그것을 본 구래는
고개를 끄덕이며 말했다.

"간단한 텍스트를 이렇게 상세하게 풀어주니 신뢰도가 더 높아지는 것 같아."

Step 3. 시각화하고 싶은 부분을 마우스로 드래그한 뒤 번개 모양 아이콘을 클릭합니다.

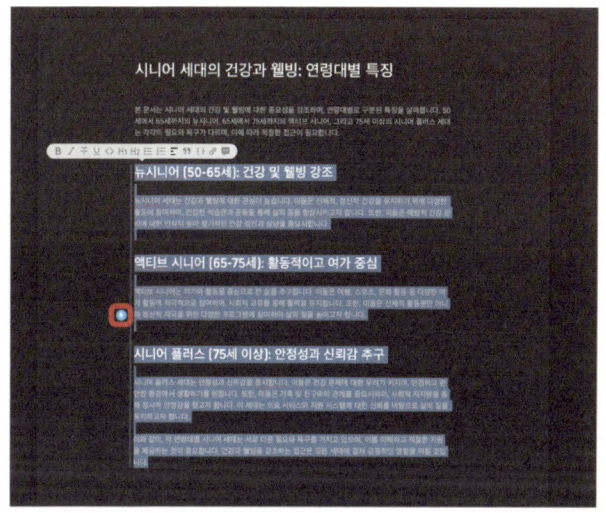

"이제 중요한 부분만 시각화해볼게요."

민지는 세 가지의 시니어 분류 항목을 마우스로 드래그했다.

"보이시죠? 드래그하면 이렇게 하늘색 번개 모양 아이콘이 떠요."

민지가 클릭하자 자동으로 파이 차트가 생성됐다. 분야별로 각각 다른 색으로 구분되고 핵심 키워드는 큼직하게 강조되어 있었다.

"우와, 진짜 딸깍 한 방이네."

구래가 모니터를 빤히 쳐다보며 말했다.

"우리가 설명하려던 거, 그냥 이거 하나로 끝나겠는데?"

Step 4. 원하는 형태를 고르고 커스터 마이징합니다.

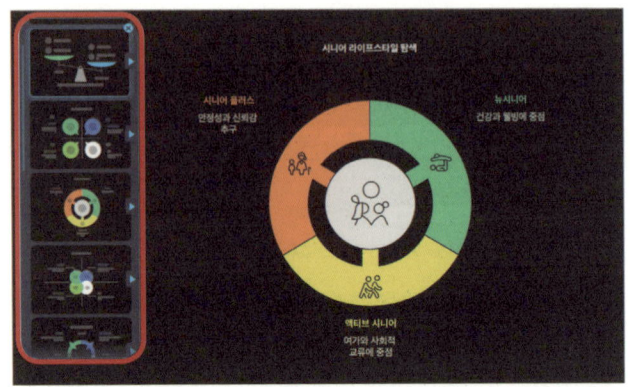

"차트가 생성된 뒤 왼쪽 박스를 보면 시각화된 형태가 여러 가지 나와요. 여기서 원하는 차트를 고르면 돼요."

"원하는 형태를 고른 뒤에는 세세한 수정도 가능하답니다. 색상은 물론이고 차트에 들어가는 아이콘도 바꿀 수 있어요."

민지는 마음에 드는 차트를 선택하고 아이콘을 변경했다.

"내가 직접 만들면 꽤 오래 걸렸을 텐데 이렇게 금방 완성되다니, 정말 신세계다!"

구래가 놀란 얼굴로 말했다.

Step 5. 완성된 차트를 저장합니다.

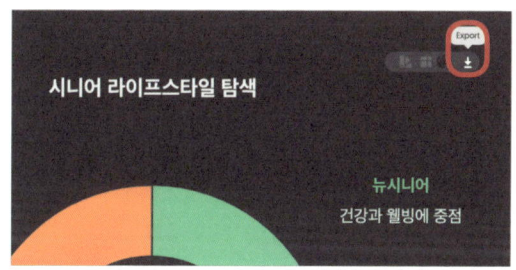

"이제 이거 저장할게요."

민지는 차트에 마우스를 올렸다.

"오른쪽 위에 '익스포트Export' 버튼 보이시죠. 먼저 이것을 누르세요.

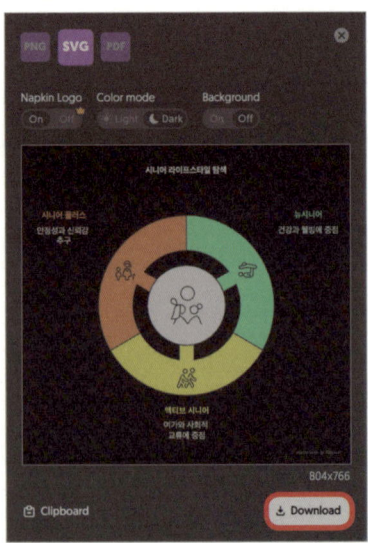

"그런 다음 파일 포맷을 고르면 돼요! 전 주로 SVG로 다운로드 받는데, 파일로 저장하면 확대해도 안 깨지고, 디자인 편집도 가능해요. '백그라운드 오프Background Off'로 설정해서 투명 배경으로 저장하면 활용도가 높아요. 발표용으로 만들었을 때는 꼭 잊지 말고 적용하세요."

민지가 '다운로드Download' 버튼을 누르자 SVG 아이콘이 노트북 하단에 저장됐다. 구래는 고개를 끄덕이며 감탄했다.

"그런데 지금 만들고 있는 기획서에 바로 붙이면 조금 어색할 것 같아. 우리 회사 스타일에 맞게 글씨체나 색상을 살짝만 손보면 이거 하나로 충분히 설명 끝나겠는데?"

그러고는 민지를 향해 싱긋 웃으며 말했다.

"민지 씨는 진짜 못 하는 게 없구나. 멋있다."

뜻밖의 칭찬에 민지는 순간 멈칫하더니, 고장이라도 난 듯 말끝을 더듬으며 어색하게 웃었다.

"아…… 아뇨, 저 아니고요…… 다 AI가 한 거죠. 멋있긴요."

구래는 머쓱해하는 민지를 보고 피식 웃으며 다시 화면을 바라봤다.

5월 16일 민지의 일기

오늘 진짜 뜨끔했다. 아니, 자폭해버린 하루라고 해야 할까.

클로드가 은근히 챗 GPT를 견제하는 것 같다고 하니

선배가 갑자기 "뭘 물어봤는데?" 하면서 모니터를 슬쩍 보려고 했다.

순간 심장이 쿵 내려앉았다.

그때 내가 물어봤던 건……

'우래 선배가 나를 좋아하는 걸까, 아닌 걸까?'였으니까.

챗 GPT는 "그럴 수도 있어! 그런 신호일 수도 있지!"라며

은근히 내 편을 들어줬는데……

클로드는 "그건 아니야.

사람의 마음은 챗 GPT보다 내가 더 잘 알잖아?"라고 말했다.

근데 내가 봤을 땐, 챗 GPT가 더 믿을 만하단 말이지.

챗 GPT가 클로드보다 먼저 출시됐잖아?

오래된 고참이 더 잘 아는 게 당연하지 않나?

아, 아닌가……

 어쩌면 나 꽤 크리에이티브한 사람일지도?

PPT 초안이 필요하다면? 감마로 빠르게!

"선배님, 발표 준비 잘되고 있으세요?"

민지가 구래의 책상 옆으로 다가와 물었다. 구래는 한숨을 쉬며 대답했다.

"발표 초안은 만들어놨는데, 슬라이드를 회사 스타일에 맞추는 게 너무 힘들어. 예쁜 템플릿은 많은데 우리 회사 스타일이랑 안 맞아서 결국 다 고쳐야 할 것 같아."

민지가 고개를 끄덕이며 말했다.

"맞아요. 그런 문제 때문에 저도 스트레스를 많이 받거든요. 그래서 이제 AI 툴을 활용하고 있어요. 감마Gamma 같은 거요. 감마는 AI로 PPT 초안을 만들어주는 도구예요. 제가 요즘 자주 쓰는 툴인데, 진짜 편해요. 간단한 프롬프트를 입력하면 AI가 슬라이드 초안을 뚝딱 만들어줘요."

"민지 씨……."

"아, 네, 네. 그걸 왜 이제 말하냐고 하려는 거죠? 치사한 민지라서 이제 알려드려요!"

이제 척하면 척, 구래가 무슨 말을 할지 간파해버린 민지였다.

▶ 감마로 발표 자료 만들기

Step 1. 감마에서 파일 또는 URL 가져오기

감마의 만들기 기능은 크게 세 가지로 나눌 수 있는데, 이미 기획안을 다 만든 상태이니 '파일 또는 URL 가져오기'를 누른다.

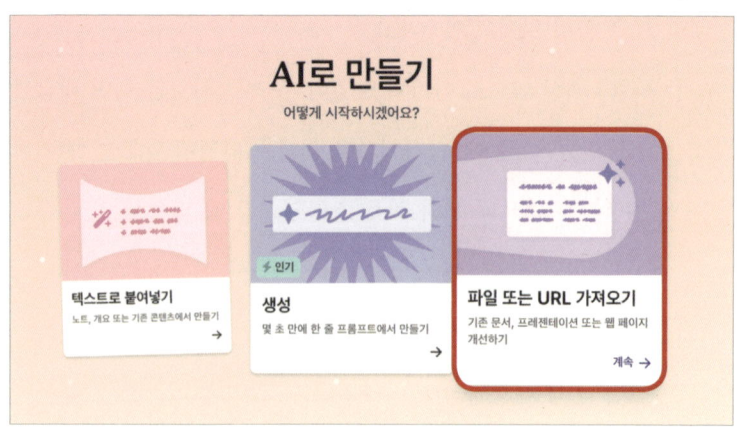

Step 2. 변환하려는 파일을 선택해서 가져오기

가져오려는 파일 형태를 선택한다. 이 경우, '파일 업로드'를 눌러서 작업한 PDF 기획안을 가져온다.

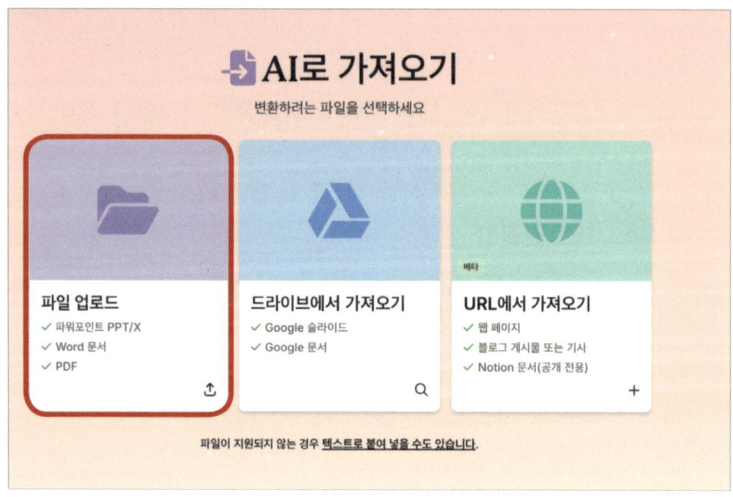

Step 3. '프레젠테이션' 항목을 선택한 뒤 '계속' 버튼 누르기

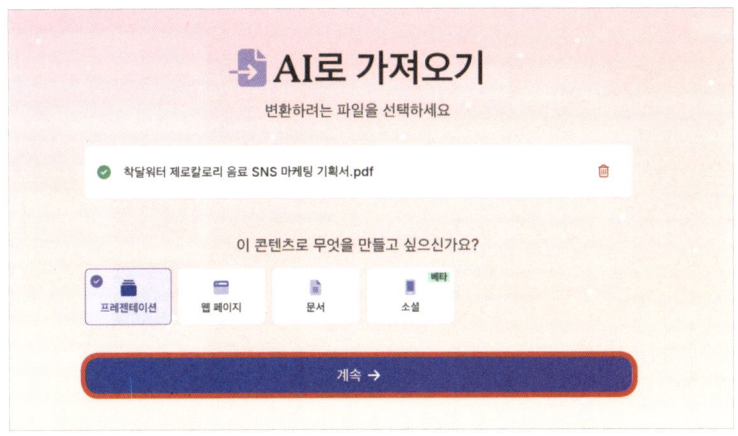

Step 4. 프롬프트 편집기에서 원하는 기능을 선택한 뒤 '계속' 버튼 누르기

무료 버전은 10개, 유료 버전은 50개까지 제작 가능하다.

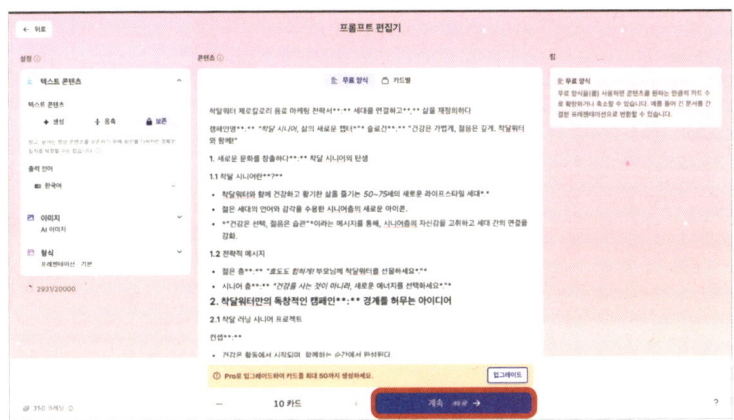

Step 5. 원하는 템플릿을 골라 '생성' 버튼 누르기

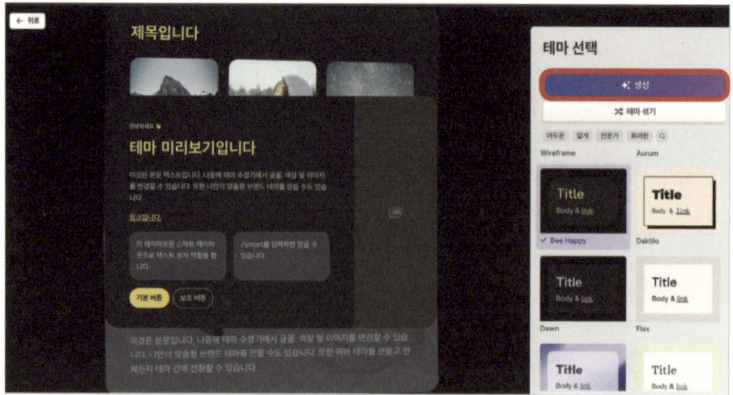

Step 6. 우측 상단의 '더 보기–페이지 설정–페이지 스타일' 설정하기

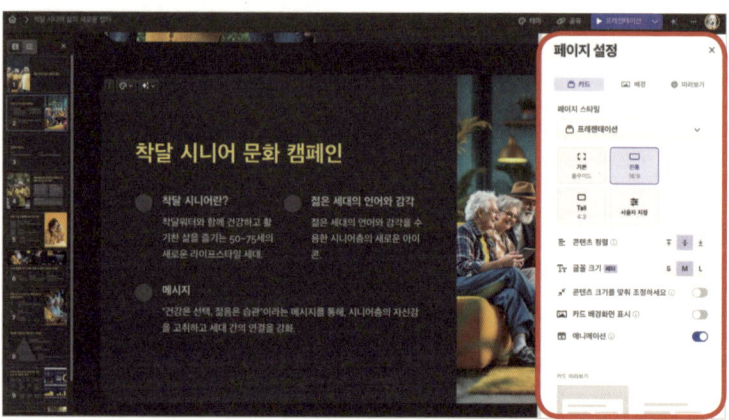

Step 7. 파워포인트로 내보내기 후 회사 템플릿과 통합하기

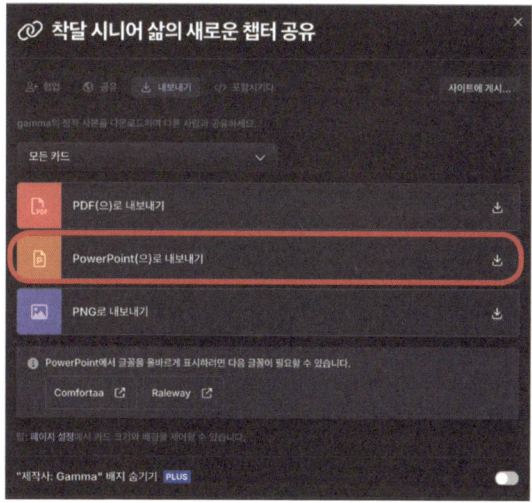

우측 상단의 '더 보기-내보내기 선택-파워포인트로 내보내기'

· 감마에서 생성한 슬라이드를 파워포인트 파일로 저장

회사 템플릿과 결합

· 회사에서 사용하는 템플릿을 열고 감마 슬라이드에서 텍스트와 이미지
  를 복사한 뒤 배치

· 템플릿의 기본 레이아웃과 색상을 조정해 최종 자료 완성

디테일 보완

· 슬라이드 간격과 폰트를 회사 규정에 맞게 수정

• 필요한 경우, 회사 고유의 아이콘이나 그래프 추가

감마의 다양한 기능들

그 외에 다양한 기능이 많아서 초안 잡기에 유용하다.

1) 협업 기능

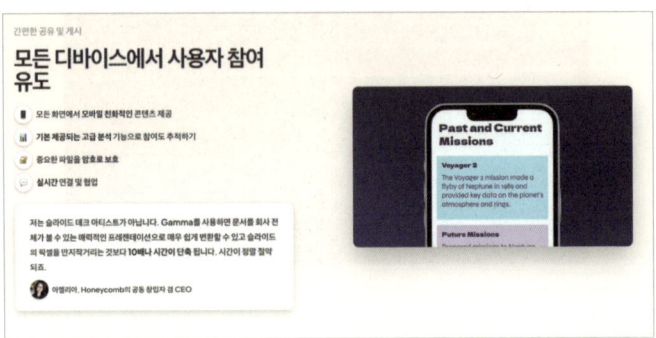

2) 다양한 차트, 다이어그램 및 스마트레이아웃 기능

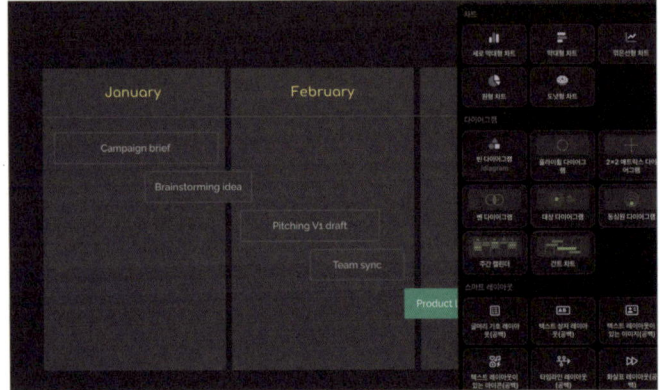

구래는 화면에 뜬 결과물을 보며 감탄을 금치 못했다.

"와, 금방 만드네. 적절한 이미지까지 생성해주고. 근데 좀 애매한데?"

"맞아요. 우리 회사에서 쓰는 CI 컬러와 다르고, 사용된 이미지도 너무 AI가 만든 티가 나서 그냥 바로 쓰기엔 좀 그렇죠? 그래서 초안 작업용으로만 쓰고 세부적인 건 사실 일일이 수정해줘야 해요. 그래도 초안을 손쉽게 잡을 수 있어서 작업 속도가 훨씬 빨라진답니다. 감마는 초안을 제작하는 데 이용하고 세세한 것은 회사 템플릿에서 손보는 게 좋아요."

민지는 신이 나서 설명을 이어갔다.

"감마를 이용하는 데 있어서 아쉬운 부분이 있는 것은 분명한 사실이지만, 다양한 기능을 활용하면 초안을 잡을 때 정말 유용해요. '협업' 기능을 활용하면 결과물을 간편하게 공유할 수 있어서 팀원들이 동시에 슬라이드를 보고 의견을 달거나 수정할 수 있어요. 더 이상 이메일로 수정 요청하거나 결과물을 관리하느라 스트레스를 받을 필요가 없어요."

고개를 끄덕이는 구래를 보며 민지의 말은 점점 더 빨라졌다.

"발표 자료를 만들 때 생각이 정리되어 있더라도 그것을 시각화하는 게 어려운 법이잖아요? 그럴 때 냅킨 AI나 감마의 템플릿들을 활용할 수 있어요. 그 밖에도 웹이나 앱을 임배딩하거나 비디오 등을 불러오는 것도 용이해서 발표할 때 창을 여러 개 열어두고 왔다 갔다 하지 않아도 되니 잘 활용하면 좋을 것 같아요."

민지의 설명에 구래는 감탄했다.

AI로 탄생한 광고 모델: 착달 시니어의 새로운 아이콘

AI 기반 다이나믹 모델링
AI를 활용해 뉴시니어, 액티브 시니어, 시니어 플러스의 세그먼트별 맞춤형 광고 모델 생성.

혼합 현실 활용
AR 필터를 통해 소비자가 AI 모델과 함께 가상 러닝 체험을 즐길 수 있도록 구현

인터랙티브 콘텐츠 제작
AI 모델이 착달라이터의 메시지를 직접 전하는 짧은 영상 시리즈 제작.

"진짜 툴들이 다양하구나. 방금 만든 PPT 초안을 바탕으로 빨리 발표 자료를 만들어봐야겠어. 다른 건 둘째 치고 적용된 시니어들의 이미지가 다 외국인이라 이게 가장 설득력이 떨어지는 것 같아. 가상세계에서 온 산타 할아버지들처럼 보여. 내가 챗 GPT 유료 버전을 결제해서 이미지를 만들어보긴 했는데……."

머뭇거리는 구래를 보며 무슨 말을 하려는지 알겠다는 듯, 민지가 씩 웃으며 답했다.

"아, 뭐예요. 선배, 우리 사이에 도와달라는 말을 왜 그렇게 길게 해요. 챗 GPT로 만든 이미지가 정확도는 높은데 광고 이미지로 쓰기엔 좀 뭐랄까. 솔직히 말하면 별로 안 예쁘죠? 뭔가 잘 설명할 수 없는데, 누가 봐도 AI가 만든 그런 느낌?"

흔쾌히 도와주겠다는 민지의 말에 구래는 기쁜 마음을 숨기지 못했다.

"맞아! 달리, 미드저니, 레오나르도Leonardo, 스테이블 디퓨전 등 생성형 이미지 AI가 정말 많더라고. 지난번 미팅 때 민지 씨가 쓴 툴은 어떤 거야?"

"제가 쓴 툴은 미드저니예요! 여러 가지 툴이 있는데, 질적 수준이나 사용성 면에선 이만한 게 없는 것 같아요. 물론 개인적 취향에 따라 판단은 달라질 수 있으니 여러 가지를 고루 써보고 자신에게 맞는 걸 찾아야겠죠!"

민지의 말에 구래는 멍한 표정으로 대답했다.

"저기요……, 민지 선생님. 저는 뭘 모르는지도 모르는 상태라 취향도 없답니다. 나도 그냥 그 미드자니인지 미드일어났니인지 그거면 될 것 같아. 안 써봐도 괜찮아. 그래, 그게 지금부터 바로 내 취향이야."

민지는 그런 구래가 어이없다는 피식하고 웃었다.

실전 팁 >>>>> 감마를 효과적으로 활용하는 방법

1. 초안 제작 도구로 활용하기
- 텍스트를 입력한 후 자동으로 레이아웃을 생성해 슬라이드의 큰 틀을 빠르게 완성한다.

2. 기업 스타일에 맞춘 통합 작업
- 결과물을 바로 사용하지 말고 회사 템플릿에 통합해 CI 컬러, 로고, 폰트 등을 반영하고 디테일을 보완한다.

3. 한계 보완
- 완성된 슬라이드를 파워포인트 또는 회사 템플릿에 옮겨 폰트와 세부 디자인을 수정해 완성도를 높인다.

4. 시간 절약
- 초안을 빠르게 만들고 세부 작업에 더 많은 시간을 할애해 발표 자료의 품질을 극대화한다.

미드저니야, 광고 모델 섭외…… 아니, 만들어줘

민지가 키보드 앞에 앉아 자신만만한 표정을 지으며 말했다.

"선배, 이제 미드저니로 시니어 모델 이미지를 만들어볼까요?"

구래는 살짝 의아한 표정으로 되물었다.

"근데 왜 하필 미드저니야? 다른 무료 툴도 많던데……. 미드저니는 심지어 유료잖아."

민지가 고개를 끄덕였다.

"맞아요. 요즘 이미지 생성 툴이 정말 많이 나와 있지요. 제가 다 써보진 않았지만, 몇 가지 써봤는데 미드저니가 광고 모델 이미지를 만들기에 가장 적절하다는 생각이 들었어요. 첫째, 한국인의 얼굴을 생성하는 데 가장 자연스러웠어요. 둘째, 상업용 라이선스가 명확해서 초상권 문제가 없지요. 셋째, 광고용 이미지에 적합한 고품질 결과물을 얻을 수 있어요. 일단 미드저니로 만들어보고 다음에 다른 툴들과 비교해볼까요?"

"그래, 그럼 먼저 미드저니로 우리의 시니어 모델을 만들어보자."

구래가 고개를 끄덕이며 동의하자 민지가 미드저니 디스코드 채널(https://discord.com/)에 접속한 후 우측 상단의 '오픈 디스코드Open discord' 버튼을 클릭했다.

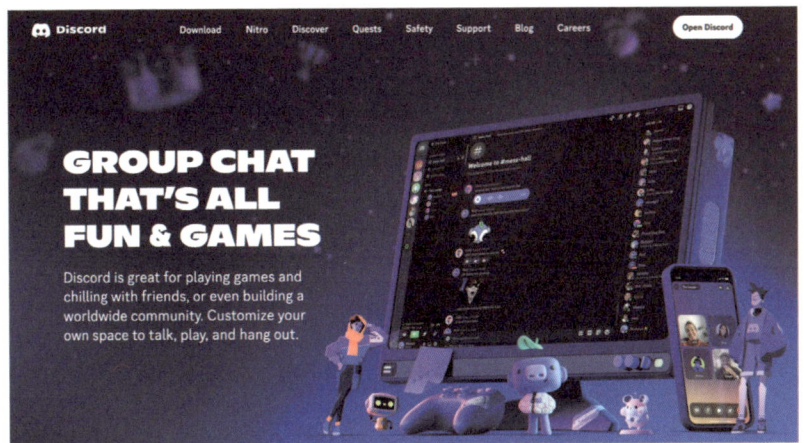

"선배, 이제 미드저니로 시니어 모델 이미지를 만들어볼까요?"

키보드 앞에서 손가락을 풀고는 디스코드 창을 여는 민지를 보며 구래가

말했다.

"우리는 세 가지 시니어 페르소나가 필요해. 먼저 뉴시니어부터 만들어볼

까? 헬스장에서 운동하고 있는 건강한 뉴시니어의 모습이면 좋을 것 같아.

먼저 여자 모델부터 만들어보자."

구래는 세 가지 시니어 페르소나의 특징을 요약했다.

1. 뉴시니어(50~65세): 트렌디하고 활기찬 이미지

2. 액티브 시니어(65~75세): 건강하고 활동적인 이미지

3. 시니어 플러스(75세 이상): 따뜻하고 신뢰감 있는 이미지

"참. 선배, 미드저니는 영어로 프롬프트를 입력해야 해요. 하지만 어렵게 생각하지 마세요. 우리에겐 챗 GPT가 있으니까요! 우리가 원하는 이미지를 구체적으로 설명하는 글을 작성한 뒤 챗 GPT나 클로드에 넣고 '이걸 미드 저니 프롬프트로 만들어줘'라고 하면 끝이에요."

프롬프트를 영어로 입력해야 한다는 민지의 말에 잠깐 얼굴이 굳었던 구래는 순식간에 편안한 표정이 됐다.

"가능한 한 구체적인 정보들을 포함시키면 원하는 것에 더욱 가까운 결과를 얻을 수 있을 거예요. 좀 더 자유로운 결과물을 원한다면 꼭 필요한 내용만 넣어도 괜찮고요."

민지는 입력해야 하는 정보들이 무엇인지 메모장에 간단하게 적었다.

▶ 기본 정보

1. **인물 정보:** 국적, 성별, 나이
2. **옷차림·외모:** 의상, 액세서리
3. **동작·표정:** 하고 있는 행동, 표정
4. **배경:** 장소, 시간대
5. **사진 스타일:** 촬영 방식, 분위기
6. **파라미터:** --ar 16:9 등

민지의 메모를 보던 구래가 고개를 갸웃했다.

"다른 건 다 알겠는데, 파라미터는 뭐야?"

"파라미터는 프롬프트 마지막에 붙는 '--ar 16:9' 같은 거예요. AI에 주는 세부 지시 사항이라고 할 수 있지요. 필요한 건 그때그때 찾아보면 돼요. 세 가지 정도만 기억하면 충분해요."

▶ 자주 사용되는 파라미터

1. --ar: 이미지 비율을 설정한다. 예를 들어, 16:9, 1:1, 4:5 등 비율을 지정할 수 있다.
2. --stylize 또는 --s: 이미지의 예술적 스타일을 조절한다. 0에서 1000 사이의 값을 사용하며, 높을수록 더 많은 예술적 요소가 추가된다.
3. --no: 특정 요소를 제외한 이미지를 생성한다.

"자, 그럼 바로 제작해볼까요?"

민지는 챗 GPT를 켜서 뉴시니어, 액티브 시니어, 시니어 플러스의 프롬프트를 각각 작성해달라고 요청했다. 그러고는 결과물을 복사해서 미드저니에 바로 붙여넣었다.

▶ 뉴시니어

A stylish Korean woman in her 50s wearing modern athleisure, drinking zero calorie beverage after workout, high-end fitness center background, natural lighting, photorealistic, professional photography --ar 16:9.

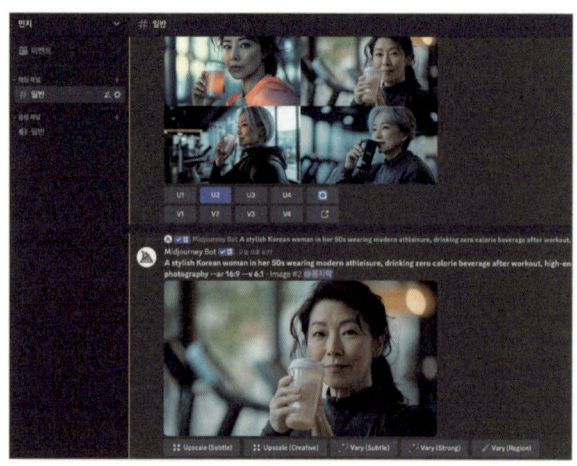

몇 초 뒤, AI가 만들어낸 이미지가 화면에 나타났다. 화면 속 세련된 스포츠웨어를 입은 여성은 운동 후 음료를 마시고 있었다. 자연광이 잘 어우러진 고급스러운 헬스클럽을 배경으로 서 있는 여성의 표정에는 자신감이 묻어났다.

"미드저니에 입력하면 이렇게 동시에 네 개의 결과물이 나와요. 그중 가장 마음에 드는 것을 고르면 돼요. 하단 버튼에 적힌 u1, u2, u3, u4는 시계 방향으로 사진을 업스케일링한 순서를 의미해요. 두 번째 사진을 한번 눌러볼까요?"

"와, 이건 진짜 모델 사진 같다."

구래가 놀란 눈으로 화면을 뚫어지게 바라봤다.

"이제 시작이에요. 다음은 액티브 시니어를 만들어볼게요!"

▶ 액티브 시니어

Energetic Korean elderly woman in her late 60s, wearing comfortable sportswear, holding a healthy beverage in one hand, hiking outfit, mountain trail background, warm sunlight, candid shot, photorealistic --ar 16:9.

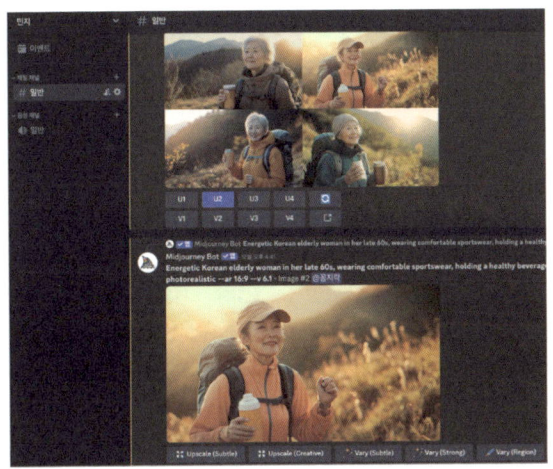

이번엔 등산복을 입은 60대 후반 여성이 화면에 등장했다. 트레킹 폴을 손에 쥐고 산길에서 활기차게 걸음을 내딛는 모습이다. 아침 햇살 아래 나무와 산책로가 어우러져 따뜻하면서도 생동감 넘치는 분위기가 연출됐다.

"실제로 이런 분이 있으면 등산 동호회에서 정말 인기 많을 것 같아요."

민지의 말에 구래는 고개를 끄덕였다. 그런 구래를 보며 민지는 씩 웃었다.

"마지막으로 시니어 플러스 이미지를 만들어야죠."

민지가 마지막 프롬프트를 입력하고 화면을 클릭했다.

▶ 시니어 플러스

Warm and trustworthy Korean grandmother in her 70s, elegant casual wear, sitting in modern living room with family, holding healthy drink, natural smile, documentary style --ar 16:9.

몇 초 후, 시니어 플러스의 이미지가 완성됐다. 따뜻한 미소를 짓고 있는 70대 중반 여성이 아늑한 거실에 편안하게 앉아 있었다. 그녀 주변에는 가족들이 흐릿하게 보였고, 손에는 건강 음료가 들려 있었다. 다큐멘터리 스타일의 자연스러운 촬영 느낌이 강하게 풍겼다.

구래가 놀란 표정을 지었다.

"오, 진짜 어딘가에 있을 법한 인물들이네."

"그렇죠? 이건 테스트용으로 만들어본 거니 이 결과물들을 바탕으로 이제 좀 더 개성있고 우리 브랜드랑 잘 맞는 이미지들을 제작해보자고요. 참, 아까 말했던 다른 이미지 툴들도 한번 써볼까요? '음료수 마시는 용'이라고 입력해서 어떤 결과물이 나오는지 비교해봐요! 용은 그리기 어려우니까."

▶ 생성형 이미지 툴의 결과물 비교

프롬프트 | 'A dragon drinking from a can' 이라고 입력

 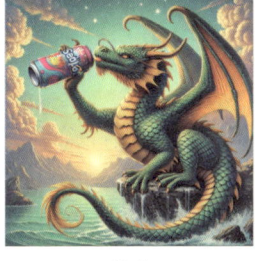 

미드저니   달리   레오나르도

전혀 다른 느낌의 세 가지 결과물이 나왔다.

"간단한 명령어를 입력한 것치고는 그럴듯한 결과물이 나왔네. 그런데 뭐랄까. 미드저니는 잘 그리긴 했는데, 캔 음료를 저렇게 마시는 게 말이 돼? 뭐 용이니까 가능할 것 같기도 하고……. 달리는 요청 사항을 정말 잘 반영했는데, 왜 이렇게 이미지가 안 예쁘지? 레오나르도는 무료라고 했지? 음…… 뜨거운 캔 음료? 얼마나 뜨거운지 캔에 붙은 상표가 다 타버렸네. 나름 매력 있는데? 하하하."

구래는 각각의 결과물을 유심히 살펴보며 재밌다는 듯 웃었다.

"제가 왜 미드저니를 쓰는 줄 알겠죠? 구체적으로 입력하지 않으면 제멋

대로 그려서 당황스러울 때가 있지만 만들어진 이미지를 보면 제법 괜찮아요. 다른 직관적인 툴들에 비해 사용하는 게 약간 어려운 감이 있지만 프롬프트로 잘 구슬리면 결과물이 더욱 좋아지지요."

구래가 조금 초조해진 표정으로 입술을 깨물었다.

"진짜 그러네. 다음 주 월요일 임원 미팅 때 프레젠테이션하기로 했으니 이제 좀 서둘러야겠다."

걱정하지 말라는 듯 민지가 힘주어 말했다.

"선배, 모델 이미지는 제가 좀 더 손볼게요. 아무래도 제가 더 익숙하니까 그게 더 능률적일 것 같아요. 선배는 발표 준비를 하시는 게 어떠세요? 발표 스크립트를 짜고 예상 질문을 만드는 것도 AI의 도움을 받으면 든든하실 거예요."

"AI가 아니라 민지 씨가 있어서 든든해. 고마워."

▶ 생성형 이미지 AI 툴 비교

툴 이름	난이도	비용 정책	주요 특징
미드저니 (Midjourney)	★★	유료 구독 필수 (무료 없음)	– 고품질 예술적 이미지 생성 – 다양한 스타일 지원 – 활발한 디스코드 커뮤니티 – 디스코드 기반 사용으로 접근성 제한
달리 3 (DALL-E 3)	★	초기 무료 크레디트 제공, 이후 유료	– 뛰어난 텍스트 이해력 – 우수한 결과물 품질 – 챗 GPT와 통합 가능 – 무료 크레디트 소진 후 비용 발생 – 상업적 이용 시 라이선스 확인 필요
레오나르도 (Leonardo)	★★	기본 무료 + 유료 플랜 제공	– 사용자 친화적 인터페이스 – 다양한 AI 모델 지원 – 이미지 생성 및 AI 캔버스 편집 – 3D 텍스처 생성
스테이블 디퓨전 3.5 (Stable Diffusion 3.5)	★★★	완전 무료 (오픈소스)	– 강력한 커스터마이징 – 다양한 모델 변형(Large, Medium, Turbo) – 상업적 사용 가능 – 설치 및 설정 복잡성 – 고사양 하드웨어 필요
빙 이미지 크리에이터 (Bing Image Creator)	★	완전 무료 (마이크로소프트 계정 필요)	– 달리 3 기술 활용 – 빠른 접근성 – 커스터마이징 기능 제한적 – 이미지 품질이 다른 툴에 비해 낮을 수 있음

8장

함께라서 빛나다

마지막 단계, AI와 함께 발표 준비하기

밤 10시 30분. 밝은 불빛 아래 구래는 무겁게 숨을 내쉬며 노트북 화면을 응시했다. 간신히 발표 기획안과 PPT 자료를 만들어 PDF로 저장했다. 겨우 일주일 만에 만든 자료였지만, 그 안에는 수없는 수정과 온갖 고민의 흔적이 고스란히 담겨 있었다.

"진짜 중요한 건 발표야."

구래는 스스로를 다잡으며 속으로 되뇌었다. 자료를 아무리 잘 만들었더라도 발표가 어설프면 모든 노력이 물거품이 될 수 있다는 걸 그는 잘 알고 있었다. 노트북 화면에는 '착달스파클링: 세대를 연결하는 새로운 아이콘'이라는 제목이 빛나고 있었다. 그 문구를 보며 구래는 다시 한번 생각했다. 임원들에게 이 메시지를 어떻게 설득력 있게 전달할 수 있을까?

머릿속 가득 차오르는 압박감에 시달리던 그는 이내 다짐하듯 자세를 고쳐 앉았다. 혼자서는 부족할지 몰라도 AI와 협업하면 더 나은 방법을 찾아낼 수 있을 것이다. 그는 챗 GPT와 클로드를 떠올리며 준비해둔 기획안과 PPT 파일을 열었다.

"좋아. 두 AI의 도움을 받아보자. 자료를 학습시켜서 초안을 작성하게 하면 발표안의 틀이 잡힐 거야."

구래는 각각의 AI에 필요한 자료를 학습시키기 위해 PDF 파일을 업로드하며 동일한 프롬프트를 입력했다.

구래는 네 가지 주요 원칙을 고려해서 클로드와 챗 GPT에 각각 프롬프트를 입력했다.

Step 1. 프롬프트 입력

역할 설정 | 너는 글로벌 음료 기업에서 20년 경력을 쌓은 마케팅 디렉터야. 데이터 분석과 스토리텔링으로 설득력 있는 발표안을 만드는 전문가야.

작업 명확화 | PDF 파일(기획안과 PPT)을 학습하고, 이를 바탕으로 신제품 '착달스파클링'의 마케팅 전략 발표 초안을 작성해줘. 청중은 임원들이며, 자료의 핵심 메시지를 설득력 있게 전달해야 해.

맥락 제공 |
- 발표의 핵심 메시지는 '착달스파클링은 세대를 연결하는 새로운 아이콘'이야.
- 타깃은 50~75세 시니어 세대, 그리고 이들과 연결된 MZ세대야. 이 두 세대의 연결성을 강조해줘.
- 임원들의 신뢰를 얻기 위해 데이터 중심으로 작성하되, 발표 초반엔 스토리텔링으로 관심을 끌어줘.

형식 요청 |
- 슬라이드 번호별로 1~2분 분량의 대본을 작성해줘.
- 구체적인 데이터와 사례를 포함해 논리적이고 설득력 있게 작성해줘.

Step 2. 비교 후 초안 작업할 제안 선정하기

챗 GPT 초안 |
- **슬라이드 1: 도입부**
  안녕하십니까. 저는 착달스파클링 SNS 마케팅 프로젝트를 맡은 구양구래입니다. 오늘 저는 단순한 음료를 넘어서 '착달 시니어'라는 새로운 신조어를 소개하고자 합니다. 데이터를 통해 착달스파클링이 어떻게 시니어 세대와 젊은 세대를 연결하며 새로운 시장을 열 수 있는지 보여드리겠습니다.

- 슬라이드 2: 타깃층 분석

  50~75세 시니어 세대는 연간 소비액 140조 원, 건강 관련 소비 성장률 12%라는 강력한 잠재력을 가지고 있습니다. MZ세대의 68%는 부모님을 위한 건강 제품 구매를 선호합니다. 착달스파클링은 이 두 세대를 연결하며 건강과 효도의 상징으로 자리 잡을 것입니다.

클로드 초안 |

- 슬라이드 1: 도입부

  임원 여러분, 저는 몇 년 전 당뇨를 앓고 계신 아버지께 제로 콜라를 드린 적이 있습니다. 아버지께서는 '이런 게 다 있냐'며 신기해하시더니, 건강도 챙기고 예전처럼 탄산음료를 즐길 수 있게 되셨습니다. 그때 저는 느꼈습니다. 제품 하나로 세대 간의 간극을 줄이고 새로운 가능성을 열 수도 있다는 것을요. 착달스파클링 역시 세대를 연결하는 새로운 문화적 아이콘이 될 것입니다.

- 슬라이드 2: 타깃층 분석

  시니어 세대는 건강과 활력을 중요시하며, 연간 소비액이 꾸준히 증가하고 있는 특징을 가지고 있습니다. 반면, 젊은 세대는 부모님께 건강을 선물하며 효도를 상징적으로 표현하고 있습니다. 착달스파클링은 이 두 세대의 요구를 모두 충족시키며 새로운 시장을 창출할 것입니다.

구래는 두 AI의 초안을 천천히 읽어 내려갔다. 챗 GPT의 초안은 데이터를 기반으로 논리적이고 설득력 있게 작성돼 신뢰감을 주기에 충분했다. 반면, 클로드의 초안은 개인적인 경험을 녹여 감정적으로 접근하면서 강렬한 도입부로 청중의 관심을 끌 수 있을 것 같았다.

이번 발표는 단순히 하나의 프로젝트를 넘어 팀의 성과와 자신의 경력까지 좌우할 중요한 순간이었다. 구래는 챗 GPT의 논리적 구조를 토대로 하되, 클로드의 감정적인 도입부를 결합해 최적화하기로 했다.

5월 17일 구래의 일기

발표를 앞두고 점점 긴장된다.

예전 같으면 '대충하자'며 마음을 내려놨을 텐데.

어차피 잘한 적도 없었으니까.

그래서 별명도 '그냥그래'였잖아.

너무 잘하려다 실망하기 싫어서 애써 기대를 낮추곤 했다.

그런데 이번엔 좀 다르다.

이번엔 나를 한번 믿어보고 싶다.

마케팅팀 구양구래, 발표를 시작하겠습니다

구래가 회의실에 들어섰다. 임원들은 이미 모두 자리에 앉아 있었다. 구래는 프레젠테이션 리모컨을 손에 쥔 채 잠시 숨을 골랐다. 화면에는 미드저니로 제작한 착달스파클링의 광고 이미지가 떠 있었다. 맑은 유리잔에 담긴 황금빛 음료가 은은하게 빛나는 모습이 실제처럼 생생했다.

"안녕하십니까, 마케팅팀 구양구래입니다."

잔뜩 긴장한 상태였지만 다행스럽게도 목소리는 예상보다 안정적으로 나왔다. 일주일 동안 AI와 함께 준비한 발표였다. PPT를 만드느라 연일 밤을 새워야 했지만, 전혀 피곤하지 않았다. 오히려 이상한 긴장감과 설렘이 뒤섞여 살짝 들뜬 기분이었다.

"오늘 여러분께 보여드릴 것은 단순한 음료가 아닙니다."

구래는 회의실을 천천히 둘러봤다. 최 팀장이 무표정한 얼굴로 앉아 있었다. 상무는 무언가 메모하고 있었다.

"부드러운 탄산과 은은한 배 향이 조화를 이룬 신제품 착달스파클링으로 새로운 비전을 제시합니다. 바로 '착달 시니어'라는 새로운 문화를 만들어가고자 합니다."

구래의 목소리에는 확신이 묻어났다. 긴장을 풀려는 듯 물을 한 모금 마신 구래는 화면을 넘겼다. 시장 분석 데이터가 나타났다.

"우리는 그동안 MZ세대를 주요 타깃으로 삼아왔습니다. 하지만 데이터를 분석해보니 우리가 놓친 더 큰 시장이 있었습니다."

화면에는 차트와 함께 숫자들이 나타났다. 상무가 고개를 들어 화면을 주시했다.

"50~70대 시니어 세대의 연간 소비액은 140조 원에 달합니다. 건강 관련 소비는 매년 12%씩 성장하고 있지요. 또한 MZ세대의 68%는 부모님을 위한 선물로 건강 관련 제품을 선호하고 있습니다."

구래의 발표에 회의실의 분위기가 조금씩 변하기 시작했다. 최 팀장은 여전히 무표정했지만, 상무는 관심을 보이며 고개를 끄덕였다. 다른 임원들도 자세를 고쳐 앉으며 집중하기 시작했다.

"이 숫자들이 의미하는 바는 분명합니다. 지금까지 주목하지 않았던 시니어 세대야말로 착달스파클링이 공략해야 할 새로운 시장이라는 것입니다. 이들은 단순한 소비자가 아니라 '착달 시니어'라는 이름으로 새로운 라이프

스타일을 만들어갈 주역이 될 것입니다."

구래는 리모컨을 눌러 다음 화면으로 넘어갔다. 화면에는 '착달 시니어'라는 키워드와 함께 AI로 생성된 세 가지 시니어 모델 이미지가 등장했다. 구래가 준비한 핵심 내용을 전달할 차례였다. 손에 든 리모컨이 살짝 떨렸지만, 구래의 목소리는 더욱 단단해졌다. 화면에 '착달 시니어'라는 키워드와 함께 밝게 웃는 시니어 모델들이 등장했다. 구래는 먼저 싱그러운 미소가 아름다운 시니어 모델을 가리켰다.

"이 모델은 '액티브 시니어'의 상징입니다. 카메라를 들고 있는 모습에서 알 수 있는 것처럼 은퇴 후에도 새로운 취미와 도전을 즐기며 SNS로 자신의 일상을 공유하는 액티브한 라이프를 보내고 있지요."

구래는 리모컨을 손에 쥐고 잠시 숨을 골랐다. 최 팀장은 여전히 무표정했고, 상무는 관심을 보이면서도 의심이 묻어나는 미묘한 표정이었다. 회의실 구석에 앉아 있는 민지는 살짝 긴장한 듯 보였다.

"인생 2막을 시작하는 시니어들은 더 이상 수동적 소비자가 아닙니다."

구래가 이미지를 가리켰다. 카메라를 든 시니어 여성의 모습에 임원들의 시선이 집중됐다.

"이 모델처럼 자신만의 콘텐츠를 만들고, SNS로 자신의 일상을 공유하며, 새로운 문화를 이끌어가고 있지요. 실제로 자료를 보면 50대 이상 인스타그램 사용자가 47% 증가했고, 특히 건강 관련 콘텐츠 공유가 활발하다는 것을 알 수 있습니다."

상무가 열심히 메모하는 모습을 보며 구래의 목소리에 힘이 실렸다.

"이런 시니어들이 착달스파클링과 함께하는 일상을 공유하게 된다면, 이는 자연스러운 바이럴 마케팅으로 이어질 것입니다. 시니어 웰니스 시장이 연 15%씩 성장하는 지금, 우리에겐 이런 트렌드세터가 필요합니다."

두 번째 이미지로 넘어가자 최 팀장의 표정이 미세하게 변했다. 카페에서 대화를 나누는 중년 남성과 청년의 모습이었다.

"최근 재미있는 현상이 일어나고 있습니다. '할매니얼'이라는 말, 들어보셨나요? MZ세대가 전통적인 '할머니 문화'를 새롭게 재해석하는 현상을 일컫는 말입니다. 오래된 것의 가치를 재발견하고, 조부모 세대의 라이프스타일을 동경하는 것이지요. 실제로 MZ세대의 43%가 전통차나 식혜 같은 건강 음료를 즐긴다고 합니다."

구래는 잠시 숨을 고르고 말을 이었다.

"반대로, 시니어 세대의 73%는 젊은 세대의 트렌드와 문화를 배우고 싶어 합니다. SNS를 시작하고, 카페에서 시간을 보내고, 힙한 브랜드의 음료를 즐기지요. 이런 양방향적 문화 교류가 바로 우리 착달스파클링의 기회입니다."

상무가 고개를 끄덕이며 펜을 들었다. 구래는 자신감 있는 어조로 설명을 이어갔다.

"은은한 배 향은 할머니 댁 부엌에서 느낄 수 있는 향수를 자극하고, 세련된 패키지와 은은한 탄산은 트렌디한 감성을 더해줍니다. 이것이 바로 우리가 제안하는 '크로스 제너레이션' 전략입니다. 양쪽 세대 모두가 자연스럽게 손에 들 수 있는 음료, 그것이 바로 착달스파클링이 지향하는 지점입니다."

회의실 안에는 여전히 약간의 긴장감이 감돌고 있었다. 그때 등장한 마지막 화면의 올-빼미 캐릭터에 사람들의 시선이 집중되며 분위기가 한층 부드

러워졌다. 둥글고 사랑스러운 이미지의 올빼미들이 저마다 개성을 뽐내며 화면을 가득 채우자 몇몇 참석자들이 더 자세히 보려는 듯 몸을 기울였다. 구래는 미소를 지으며 화면을 가리켰다.

"이 캐릭터의 이름은 '할빼'입니다!"

구래는 잠시 뜸을 들였다.

"할머니, 할아버지, 그리고 올빼미가 만나 탄생한 이름입니다!"

회의실에서 작게 웃음소리가 터져 나왔다.

"올빼미는 오랫동안 지혜와 통찰의 상징이었습니다. 이런 이미지는 풍부한 경험과 노하우를 가진 시니어 세대와 자연스럽게 연결되죠. 동시에 둥글고 귀여운 실루엣과 커다란 눈은 MZ세대가 선호하는 캐릭터 스타일과 맞닿아 있습니다."

화면에 개성 넘치는 '할빼' 캐릭터들이 하나씩 나타났다.

"화면을 보실까요? 각자 다른 취향과 라이프스타일을 가진 '할빼'들이 있습니다. 조용하게 차를 즐기는 할빼, 기타를 치는 할빼 등 우리는 시니어를 하나의 유형으로 특정짓지 않고 다양한 라이프스타일을 반영해 공감할 수 있도록 기획했습니다."

구래는 다음 슬라이드를 띄우며 자연스럽게 발표를 이어갔다.

"지금의 MZ세대는 단순한 소비자가 아닙니다. 이들은 브랜드와 재미있는 방식으로 소통하고, 직접 참여할 수 있는 경험을 원합니다."

구래는 화면을 넘기며 설명을 이어갔다.

"그렇다면 우리가 할 수 있는 건 무엇일까요? 바로 '당신은 어떤 할빼인가요?' 같은 참여형 콘텐츠입니다."

화면에는 '할빼' 캐릭터별 라이프스타일이 소개됐다.

- 독서와 배움을 즐기는 성장형 할빼
- 달리기, 수영 등 운동이 취미인 할빼
- 최신 트렌드에 관심이 많은 인싸 할빼

"이런 방식의 콘텐츠는 단순히 브랜드를 홍보하는 것을 넘어 소비자가 캐릭터를 통해 개성을 표현하고 브랜드와 연결될 수 있도록 만듭니다. 자연스럽게 소셜미디어에서도 공유되고 확산되는 효과를 기대할 수 있지요."

회의실에서 긍정적인 반응이 감지됐다. 상무는 흥미롭다는 듯 화면을 자세히 바라봤고, 몇몇 참석자들은 아이디어를 메모하기 시작했다. 구래는 화면을 넘기며 다음 전략을 발표했다.

"캐릭터의 성공은 단순한 인지도 상승이 아니라 소비자 행동과 연결될 때 완성됩니다. 이를 위해 우리는 두 가지 방향을 준비했습니다."

• MZ세대를 위한 한정판 굿즈: 시즌별 한정판 피규어, 키링 출시

• 시니어 세대를 위한 실용 굿즈: 친환경 에코백, 장바구니

"특히 한정판 굿즈는 소비자의 소장 욕구를 자극하며 반복적인 구매를 유도할 수 있습니다. 예를 들어, '할빼미의 하루' 콘셉트로 시즌별 피규어를 기획할 수 있습니다. 봄에는 벚꽃길을 걷는 할빼, 여름에는 해변에서 선글라스를 낀 할빼처럼 말이죠."

회의실에서 작게 탄성이 터져 나왔다. 피규어 콘셉트에 대한 반응이 특히 좋은 것 같았다. 구래는 화면을 넘기며 또 다른 전략을 소개했다.

"단순히 굿즈를 제공하는 게 아니라 이를 제품 구매와 자연스럽게 연결시키는 방식이 중요합니다. 이를 위해 착달스파클링과 컬래버레이션을 진행하려 합니다."

구래는 주요 전략을 설명했다.

- 편의점 & 마트 프로모션: 착달스파클링 두 개 구매 시 할뺴 키링 증정
- SNS 참여형 이벤트: '우리 가족 할뺴 챌린지' 진행

"소비자는 단순한 증정 이벤트보다 브랜드와 감성적으로 연결될 수 있는 경험을 원합니다. 우리는 이를 활용해 할뺴 캐릭터가 담긴 시즌별 착달스파클링 패키지를 선보일 계획입니다."

화면에는 봄, 여름, 가을, 겨울 시즌에 맞춰 달라지는 착달스파클링 패키지 디자인이 나타났다.

"예를 들어, 봄에는 벚꽃과 함께 산책하는 할뺴, 여름에는 해변에서 착달스파클링을 마시는 할뺴를 적용해 자연스럽게 제품의 시즌별 활용법을 제안하는 것이죠."

회의실에 다시 한번 긍정적인 반응이 감돌았다. 구래는 마지막 슬라이드를 띄웠다.

"할빼는 단순한 캐릭터가 아닙니다. 브랜드 아이덴티티를 강화하는 핵심 자산이 될 것입니다. 세대를 아우르는 상징성, 소비자 참여형 콘텐츠, 실질적인 소비 연결까지 이 모든 요소가 맞물려 장기적으로 브랜드 충성도를 높이는 전략으로 자리 잡을 것입니다."

발표가 끝나자 회의실에는 짧은 침묵이 흘렀다. 하지만 그건 부정적인 반응이 아니었다. 모두들 구래의 발표에 한껏 집중하고 있었다. 상무는 천천히 안경을 고쳐 쓰며 화면을 다시 한번 바라봤다. 최 팀장은 무표정했지만 어딘가 긍정적인 분위기가 감지됐다. 마침내 상무가 처음으로 고개를 크게 끄덕였다.

구래는 이제 본격적인 질문이 이어질 것을 직감했다. 손에 땀이 배어났다. 구래는 마지막 슬라이드를 넘기며 속으로 되뇌었다.

'이제 질문 시간이다……'

어젯밤 늦게까지 준비한 게 헛되지 않길 바랐다. 민지와 함께 챗 GPT로 '임원들이 할 만한 질문 리스트'를 뽑아보고, 답변을 열심히 연습했다. '잘할 수 있을 거야. 열심히 준비했잖아.' 구래는 스스로를 격려했다. 그 순간, 상무가 자리에서 몸을 앞으로 기울이며 입을 열었다.

"구 대리, 발표 잘 들었어. 시니어 타깃에 접근하는 게 신선하긴 한데……."

구래는 숨을 들이마셨다. 예상했던 '그런데'가 이어질 터였다.

"제로 칼로리 음료 시장은 지금까지 MZ세대가 이끌어왔잖아. 그런데 왜 착달스파클링은 첫 출시부터 시니어 세대를 주요 타깃으로 잡은 거야? 이

시장의 수요가 충분할 것으로 보나?"

구래는 침착하게 입을 열었다.

"네, 맞습니다. 이제까지 제로 칼로리 음료 시장의 주 소비층은 MZ세대였습니다. 그런데 시니어 시장에서 유의할 만한 흐름이 나타나고 있습니다. 실제로 50~60대 소비자의 62%가 '건강을 이유로 탄산음료 섭취를 줄였다'고 응답했습니다. 하지만 제로 칼로리 탄산음료를 마시는 비율은 15%에 불과합니다. 그 이유를 조사해보니 '맛이 별로다', '너무 젊은층을 겨냥한 제품 같다'는 피드백이 많았습니다. 반면, 시니어 소비자의 47%가 '건강을 해치지 않으면서도 맛있는 탄산음료가 있다면 구입하겠다'고 답했습니다. 이 격차가 바로 저희가 주목한 시장 기회입니다."

구래는 리모컨을 들어 다음 슬라이드를 띄웠다.

"착달스파클링은 기존 브랜드들과 다르게 '건강'만 강조하지 않습니다. 대신, '맛있는 제로'라는 확실한 콘셉트를 유지하면서 시니어 시장을 겨냥합니다. 즉, '건강을 위해 어쩔 수 없이 마시는 음료'가 아니라, '맛있어서 선택하는 음료'가 되는 것이 핵심입니다."

상무가 눈을 가늘게 뜨며 데이터를 들여다봤다. 구래는 곧바로 설명을 이어갔다.

"이를 위해 단순한 제품 홍보가 아닌 브랜드 아이덴티티를 구축하는 전략이 필요하다고 판단했습니다. 그래서 탄생한 것이 할빼 캐릭터입니다."

이때, 최 팀장이 손을 들었다.

"아이디어는 좋은데, 시니어 소비자들이 캐릭터 마케팅에 정말 반응할 것으로 보나?"

구래는 미리 준비해둔 데이터를 보여주었다.

"그래서 실제로 시니어 소비자들을 대상으로 A/B 테스트를 진행해봤습니다. 브랜드 로고만 있는 광고보다 캐릭터를 활용한 광고에서 클릭률이 25% 증가했고, 응답자의 62%가 '제품이 더 친숙하게 느껴졌다'고 답했습니다. 이는 단순히 젊은층을 위한 마케팅 요소가 아니라 브랜드 친밀도를 높이는 전략적 도구로 활용할 수 있다는 의미로 해석할 수 있습니다."

상무가 고개를 끄덕였다. 곧바로 다른 질문이 나왔다.

"좋아. 그런데 캐릭터 마케팅 비용이 꽤 들 텐데……. ROI(투자 대비 수익률)는 어떻게 예상하고 있지?"

구래는 준비한 자료를 띄웠다.

"일반적으로 캐릭터 마케팅은 제작비 부담이 크지만, 저희는 AI 디자인 툴을 활용해 비용을 절감할 계획입니다. 기존 캐릭터 마케팅 대비 제작비를 60% 절감할 수 있을 것으로 예상됩니다. 예상 매출 대비 마케팅 예산 비중이 업계 평균은 12% 정도인데, 저희는 8% 선에서 효율적으로 집행할 수 있습니다."

회의실이 조용해졌다. 상무가 자료를 찬찬히 살펴보았다. 그리고 또 질문이 이어졌다.

"실행이 관건이군. 구체적인 마케팅 실행 계획은 있나?"

구래는 민지를 힐끗 봤다. 어젯밤 민지가 AI를 활용해 디지털 마케팅 전략을 정리해준 바 있었다.

"단계별 전략으로 진행할 예정입니다. 1단계는 디지털 채널에서 할빼 캐릭터 인지도를 구축하는 것입니다. 2단계는 편의점 중심의 오프라인 프로모션, 3단계는 시니어 커뮤니티를 타깃으로 한 맞춤형 마케팅입니다. 특히 시니어 소비자들이 가장 많이 사용하는 플랫폼인 '카카오톡'을 적극 활용할 계획입니다. 브랜드 스토리 콘텐츠를 카카오톡 채널에서 자연스럽게 노출시키고, 이후 오프라인 구매와 연결시킬 계획입니다."

상무가 자리에서 천천히 몸을 일으켰다. 구래의 심장이 다시 쿵쾅거리기 시작했다. 회의가 예상보다 길어졌지만, 누구 하나 지루해하는 기색이 없었다. 상무는 몇 가지 추가 질문을 던지며 발표 내용을 꼼꼼히 검토했다. 구래는 긴장한 가운데도 차근차근 준비한 내용을 설명했다. 마지막 질문이 오간 뒤, 회의실에는 잠시 정적이 흘렀다. 상무는 손가락으로 책상을 톡톡 두드리며 생각을 정리하는 듯했다.

"좋아. 데이터도 탄탄하고 실행 계획도 구체적이네. 다음 주까지 세부 예산안이랑 초기 시장 반응을 검토할 방안까지 정리해서 가져와봐."

회의가 마무리되는 순간, 구래는 가슴을 쓸어내렸다. 민지와 눈이 마주쳤다. 민지가 살짝 미소를 지으며 주먹을 쥐는 게 보였다. 어젯밤 AI와 함께 준비한 답변이 빛을 발하는 순간이었다.

AI 시대, 진짜 무기는 '협업'이었습니다

회의가 끝난 후, 팀장이 구래에게 다가와 말을 건넸다.

"구 대리, 수고했네. 발표 준비도 완벽했고, AI 모델을 활용한 캠페인 아이디어도 참 신선했어. 듣자 하니 발표 준비도 AI를 활용했다고 하던데, 이렇게 빨리 익히다니 이제 더 이상 '그냥그래'가 아니네!"

구래는 미소를 지으며 고개를 숙였다.

"감사합니다, 팀장님."

그때 회의실 뒤편에서 지켜보던 지연이 다가오며 퉁명스럽게 말했다.

"근데 이번 발표 준비, 전부 AI랑 민지 씨한테 맡긴 거 아니에요? 구 대리님은 사실 무임승차한 거 아닌가?"

그 말에는 은근한 비아냥이 섞여 있었다. 순간, 주변 동료들의 시선이 일제히 모였다. 회의실 안의 공기가 묘하게 얼어붙었다.

말을 하면서도 지연은 자신이 왜 이렇게 공격적인 태도를 취하는지 스스로도 의아했다. 평소라면 그저 속으로만 생각하고 넘겼을 텐데, 요즘 불안감이 커진 탓일까?

민지가 나서서 반박하려고 했지만, 구래는 조용히 그녀를 말렸다. 그리고 전혀 당황하지 않은 표정으로 여유롭게 답했다.

"맞아요. 저 혼자서는 이렇게까지 준비하기 힘들었을 거예요."

구래의 솔직한 대답에 지연은 당황했다. 구래는 한 술 더 떠 너스레를 떨었다.

"이 대리도 이참에 AI 공부 좀 해보면 어때요? 민지 씨에게 배우면 좋을 것 같은데요. 특히 동료를 대하는 태도도요."

"뭐…… 태도요?"

구래는 여전히 미소를 유지한 채 부드럽게 말했다.

"신입에게 배우는 게 그리 이상한 일도 아니잖아요? 저도 민지 씨에게 많이 배웠어요. 부족한 게 있다면 언제든, 누구에게든 배우면 되는 거죠."

지연은 말문이 막힌 듯했다. 회의실 안에는 정적이 흘렀다. 구래는 천천히 말을 이었다.

"회사에서는 혼자서 잘난 척하는 게 아니라 함께할 때 비로소 진짜 힘이 생기는 거니까요."

그 순간, 회의실 뒤에서 조용한 발소리가 들렸다.

"그렇지, 구 대리."

모두가 고개를 돌렸다. 상무였다. 언제부터 회의실에 있었던 걸까.

"회사에서 나 혼자 잘해서 되는 일은 아무것도 없지."

상무는 구래를 바라보며 의미심장한 미소를 지었다.

"그게 바로 협업이지. 그래서 말인데, 자네 디지털혁신 TF 리더, 맡아볼 생각 없나?"

그 말이 떨어지자 회의실이 순간 조용해졌다. 상무의 눈빛은 진지했다. 구래는 잠시 고민했다. TF 리더를 맡으면 연봉도 오르고 경력에도 큰 도움이 될 것이다. 하지만 과연 자신이 그 자리를 맡는 것이 맞을까? 구래는 잠시 고민하다 답했다.

"상무님, 저는 그 자리를 맡기엔 아직 부족한 것 같습니다."

상무는 흥미로운 듯 고개를 기울였다.

"그렇다면 구 대리가 생각하는 적임자는 누구지?"

그 말을 듣고 지연은 황당하게도 속으로 '혹시 나……?'라는 생각을 하며 기대하는 표정을 지었다. 그러나 구래의 시선은 다른 곳을 향하고 있었다.

"민지 씨가 적임자라고 생각합니다."

상무는 순간 의아한 표정을 지었다.

"민지 씨?"

팀장이 조용히 상무에게 설명을 덧붙였다.

"상무님, 민지 씨는 저희 팀 신입입니다."

구래는 말을 이었다.

"네, 상무님. 사실 이번 발표의 핵심 인물은 김민지 씨입니다. AI를 활용하자는 아이디어를 제안한 것도 민지 씨예요. 함께 실행 방안을 고민하면서 저도 민지 씨에게 많은 것을 배웠습니다."

회의실 안 모두의 시선이 민지에게 향했다. 민지는 갑작스러운 상황에 당황한 듯 손을 내저으며 말했다.

"저는…… 저는 그런 자리를 맡을 자격이 없어요. 구 대리님이 다 하셨고, 저는 도움을 조금 드렸을 뿐이에요."

구래는 부드럽게 미소를 지으며 말을 이어 나갔다.

"저는 민지 씨가 리더 역할을 충분히 잘할 거라고 확신합니다. 발표를 준비하면서 보여준 진정성과 책임감이 정말 인상적이었어요. 저보다 훨씬 리더십도 있어 보였습니다."

민지는 순간 말을 잇지 못했다. 책임감이 부담스럽기도 했지만, 동시에 구래의 믿음이 고마웠다. 상무는 두 사람을 조용히 지켜보다가 미소를 지었다. 그러곤 팀장을 보고 말했다.

"하하, 정말 보기 좋군. 서로 존중하고 능력을 인정하는 모습이 참 인상적이야. 좋은 팀원들을 잘 이끌고 있군. 정말 잘해주고 있어. 꼭 내가 젊었을 때를 보는 것 같군."

상무는 가볍게 고개를 끄덕이며 웃었다.

"그래, 나도 더 고민해보고 결정을 내리도록 하지."

회의실 안의 분위기는 순식간에 훈훈해졌다. 지연은 구래를 보며 묘한 감정을 느꼈다. 그의 태도에서 자신의 부족한 점을 깨닫게 되었다.

2주 후, 사내 인트라넷에 조직 개편 소식이 올라왔다.

디지털혁신 TF 리더: 김민지

TF 팀원: 구양구래

그리고 의외의 이름이 하나 있었다.

이지연

소문에 따르면, 지연이 직접 지원했다고 했다. 이번 일을 겪으며 자신의 모습을 돌아봤고, 변화하고 싶다는 마음이 생겼다고도 했다. 물론, 구래와 여전히 매일 티격태격하지만, 예전과는 확실히 관계가 달라졌다. 예전 같았으면 구래의 의견을 가로막거나 비꼬는 말을 했을 테지만, 이제는 서로 의견을 나누게 된 것이다.

"그 기획안, AI 자동화 시스템을 적용하는 방식이 너무 복잡하지 않나요?"

"그래서 지금 단순화하는 작업을 진행하고 있습니다. 혹시 더 좋은 방안이 있을까요?"

"음…… 좀 더 사용자 친화적으로 만들면 좋을 것 같습니다. AI 모델이 어떻게 결과를 도출하는지도 함께 보여줄 수 있을까요?"

과거처럼 날을 세우는 대화가 아니라 서로의 의견을 존중하며 토론하는 모습이었다.

회의가 끝난 후, 지연이 조심스레 구래에게 다가왔다.

"처음에 저랑 같이 일하는 거 많이 불편하지 않으셨어요?"

구래는 피식 웃으며 답했다.

"조금 부담스러웠던 건 사실입니다. 하지만 지금은 반반 정도일까요?"

"반반요?"

"가끔 예전 모습이 보이긴 하니까요."

지연은 순간 정색했지만, 이내 쿡 웃으며 고개를 끄덕였다.

"그래도 예전처럼 말하면 안 된다는 건 알고 있습니다. 그리고 인정할게요. 구 대리님께 배울 점이 많다는 것도요."

구래는 놀란 표정을 지으며 말했다.

"이건 녹음해야겠는데요?"

"됐거든요."

예전이라면 이런 대화는 상상도 못 했을 것이다. 하지만 사람은 변한다. 회사라는 공간에서 우리는 서로 영향을 주고받으며 성장해간다.

우리는 때때로 지연이 되고, 구래가 되고, 민지가 된다

사실 우리는 누구나 '지연' 같을 때가 있다.

익숙한 방식만 고집하며, 때로는 다른 사람을 깎아내려서라도 스스로를 지키려 한다. 그렇게 하면 적어도 지금의 자리를 잃지는 않을 것 같으니까.

하지만 또 어떤 날은 '구래' 같기도 하다.

새로운 것을 배우려 애쓰고, 성장하려고 노력하지만, 누군가의 의심과 비난 속에서 지쳐버리기도 한다. '내가 뭘 더 해야 인정받을 수 있을까?' 이런 질문에 스스로도 답을 찾지 못한 채 외로움을 느낄 때가 있다.

그리고 우리는 '민지' 같을 때도 있다.

무언가를 이끌어야 하는데, 과연 자신이 그 자리에 어울리는 사람인지 의심이 들고 스스로를 한없이 작게만 느끼게 되는 순간. 누군가 "넌 충분히 잘하고 있어"라고 말해주길 바라면서도 막상 그런 말을 들으면 괜히 움츠러들고 부담스러워지는 순간.

그렇다.

우리는 모두 회사에서 때때로 지연이 되고, 구래가 되고, 민지가 된다. 변화를 외면하는 사람, 두렵지만 한 걸음 내딛는 사람, 그리고 변화를 이끄는 사람. 이 세 가지 모습은 결국 한 사람 안에서 계속 순환한다. 어떤 날은 배우는 사람이었다가, 어떤 날은 누군가를 가르치는 사람이 되었다가, 어떤 날은 주저앉고 싶은 사람이 된다. 하지만 중요한 건 그 안에서 서로가 서로에게 영향을 주고받으며 변해간다는 것이다.

누군가는 미운 감정이 존중으로 바뀌는 과정을 겪고, 누군가는 스스로 과소평가하던 마음을 내려놓고 자신을 인정하는 법을 배운다. 누군가는 함께 성장하는 법을 배워간다. 그리고 그 과정 속에서 우리는 더 나은 동료가 되고, 더 나은 사람이 되어간다.

이제 '구 작가'라고
불러주세요

6개월 뒤 토요일 오후, 구래는 동네 서점에 들렀다. 서점 유리문을 열고 들

어선 구래는 아직도 믿기지 않는 기분이다. 익숙하면서도 낯선 공간이었다.

그는 천천히 주변을 둘러봤다. 사람들이 각자 책장을 넘기고, 책을 고르고, 조용히 이야기를 나누는 풍경이 눈에 들어왔다.

'아무리 소설이라지만, 내가 이런 걸 써도 되는 건가?'

사실 초고를 탈고하고도 그는 몇 번이고 망설였다. 민지에게 AI를 배워가며 좌충우돌했던 자신의 이야기를 담았지만, 사실 스스로 생각하기에 아직도 '일잘러'라고 불릴 만큼 자신있게 일을 잘하는 편은 아니었다. 그저 조금덜 허둥대는 법을 배웠을 뿐이다. 그래도 좋았다. 어차피 소설인데 뭐 어떤가. 누군가 자신의 이야기를 읽고 '나도 해볼까?' 하는 용기를 얻는다면 충분하다고 생각했다.

"과연 어디쯤 꽂혀 있을까?"

서점 안, 구래는 자기계발서 코너를 둘러보며 조용히 혼잣말을 했다. 책장을 스르륵 훑던 손끝에 마침내 자신의 책이 닿았다.

'여기 있었네.'

책을 뽑아 든 그는 저자란에 적힌 자신의 이름을 천천히 따라 읽었다.

"구양구래."

자신의 이름을 볼 때마다 떠오르던 자조적인 감정 대신 묘한 뿌듯함과 벅참이 가슴을 가볍게 쓸고 지나갔다. 그런데 바로 그때였다. 베스트셀러 코너쪽에서 낯익은 그림자가 스쳐 지나갔다.

"뭐야?"

고개를 돌려보니, 민지가 책 한 권을 베스트셀러 코너에 꽂고 있었다. 구래는 놀란 얼굴로 그녀에게 다가갔다.

"최연소 TF장님, 여기서 뭐하세요? 안 바빠?"

"악! 깜짝이야."

민지가 깜짝 놀라 비명을 지르자 서점 안의 사람들이 모두 두 사람을 쳐다봤다. 두 사람은 연신 고개를 숙이며 미안하다는 표시를 했다. 구래는 민지의 손에 잡힌 책을 보곤 깜짝 놀라 눈이 커졌다.

"이거…… 내 책 아니야? 민지 씨, 이거 일부러 여기다 옮기고 있는 거야?"

"아…… 아니에요! 그런 거 아니에요!"

민지는 얼굴이 새빨개진 채 손사래를 쳤지만, 이미 민지의 모습을 다 본 뒤였다.

"그…… 실은…… 책이 너무 구석에 있는 것 같아서……."

민지가 민망해하며 고개를 푹 숙였다. 구래는 민지가 꽂아둔 책을 조용히 빼 들고 자기계발서 코너로 돌아갔다. 그리고 아무렇지 않은 척, 책을 원래 자리에 돌려놓으며 다정한 목소리로 말했다.

"마음 써준 건 정말 고마운데, 지금 내 자리는 여기야. 여기서부터 시작하면 되는 거야."

"치, 선배…… 멋있는 척은……."

민지는 책을 옮겨놓지 못한 게 아쉬운 듯 뒤따라오며 입을 삐죽 내밀었다.

"오, 방금 내가 좀 멋있어 보였나 봐."

구래는 민지를 놀리듯 말했다. 그러고는 책장에 놓인 자신의 책을 가만히 바라보며 작게 중얼거렸다.

"그래. 여기서부터 시작하면 되지."

서점 밖으로 나오니 찬바람이 불었다. 민지가 한 걸음 앞서 나가며 장난스럽게 말했다.

"그런데 선배, 진짜로 베스트셀러 되면 제 덕인 줄 아세요!"

"민지 씨 덕? 그럼 다 민지 씨 덕분이지. 내가 사인본 한 권 줄게."

"아이, 너무 짜다! 대신 지금 햄버거 사주세요. 치킨 너겟이랑 밀크셰이크랑 또……."

우연히 구래를 만나서 민지는 잔뜩 들뜬 듯했다. 회사에서는 보기 힘든 장난꾸러기 같은 표정을 과장되게 지으며 음식 메뉴를 하나둘 말했다.

"프로젝트 할 때 보니까 진짜 많이 먹던데……. 밥 사주려면 무조건 많이 팔아야겠다. 민지 씨, 다시 가서 베스트셀러 칸으로 옮겨놔."

두 사람은 웃으며 길을 걸어갔다. 문득 스쳐 지나가는 사람의 손에 자신의 책이 들려 있는 것을 본 구래는 생각했다.

'용기 내기 참 잘했다.'

부록

바쁜 직장인을 위한
AI 학습 노하우:
구양구래 작가와 독자의 대화

독자 : AI 활용이 중요하다는 건 알지만, 공부할 시간과 에너지가 없습니다. 회사 일만으로도 벅차거든요. 어떻게 시작해야 할까요?

구래 : 그 기분 너무 잘 알죠. 저도 처음엔 AI 공부하라는 말만 들어도 막막했어요. 하루 종일 일하고 집에 오면 그냥 쉬고 싶잖아요. 회사에서 AI를 배워야 한다고 하는데, 퇴근하고 나면 아무것도 하기 싫고, 주말엔 밀린 집안일을 하다 보면 하루가 금세 가버리죠. 그러다 겨우 숨을 좀 돌리나 싶으면 또 월요일이고요. 출퇴근 시간에 공부하라는 말도 듣기 싫었어요. 솔직히 아침에는 조금이라도 더 자고 싶고, 퇴근 후엔 넷플릭스 한 편 보면서 쉬고 싶었어요. 그래서 무리하지 않으면서도 일상 속에서 자연스럽게 익힐 수 있는 방법을 찾았어요. AI를 어렵게 공부하는 게 아니라 틈틈이 활용하면서 익숙해지는 방식이죠. 저처럼 부담 없이 시작할 수 있도록 한번 정리해봤습니다.

▶ Tip 1 "학습할 시간이 없다면? 점심시간 30분 활용법"

구래 : 먼저, 제가 찾은 방법은 '점심시간 30분 활용법'이에요. 일부러 시간을 따로 빼려고 하면 부담스럽고, 부담을 느끼는 일은 오래 못 가게 마련이잖아요. 일상 속에서 자연스럽게 익히는 게 답이더라고요. 밥 먹으면서 짧은 영상 하나 보는 것 정도라면 어렵지 않게 시작할 수 있지 않을까요.

- 점심 먹으며 5~10분짜리 AI 관련 유튜브 영상 보기

- AI 툴 하나 직접 써보기

중요한 건 완벽하지 않아도 괜찮다는 거예요. 처음부터 거창한 커리큘럼을 마련하고 한 시간씩 자세 잡고 공부하려면 부담만 되고 작심삼일로 끝나기 쉽거든요. 그냥 점심시간에 유튜브 보듯 가볍게 시작하세요.

한 가지 더. 점심시간에 본 내용을 업무에 한 번이라도 적용해보는 것, 이게 진짜 중요해요. 예를 들어, 챗 GPT로 회의록을 요약해본다든가, 냅킨 AI로 문서 정리를 해보는 거죠. 단순한 기능이라도 직접 써보면 '어? 이거 생각보다 편한데?' 하는 순간이 와요. 그때부터 AI가 더 재밌게 느껴질 거예요.

그리고 처음부터 너무 어려운 걸 찾지 마세요. 복잡한 강의나 심화 내용을 보면 금방 질려버리거든요. 그보다는 자신의 스타일에 맞는 유튜버를 찾는 게 훨씬 좋아요. 설명이 귀에 쏙쏙 들어오고, 듣다 보면 자연스럽게 익숙해지는 그런 사람 말이에요. 일단 가볍게 시작해보세요. 재미있는 영상 하나 본다는 느낌으로.

독자: 작가님이 추천하는 유튜브가 있을까요?

구래: 저는 지루한 걸 못 견디는 편이라 무조건 입담이 좋고 재미있는 채널 위주로 구독해요. 지극히 개인적인 취향의 유튜브를 추천해 드릴게요.

▶ PPT 만들 때 시간 오래 걸리는 분들에게 : 페이퍼로지 PPT

링크 : https://www.youtube.com/@paperlogy

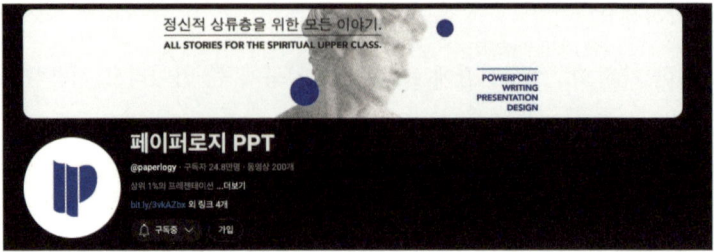

[추천 이유]

• 광고기획자의 실무 경험을 바탕으로, 실제 비즈니스 상황에서 유용한 팁을 알려줌

• AI를 활용한 PPT & 기획서 제작법을 다루며, 바로 써먹을 수 있는 자료를 공유

▶ 최신 AI툴의 핵심만 골라서 빨리 배우고 싶다면 : 오후다섯씨

링크 : https://www.youtube.com/@mr.5pm

[추천 이유]

- 최신 AI 툴을 빠르고 재미있게 소개해서 호기심을 유발하는 채널

- 예술, 기술, 비즈니스를 융합하는 독특한 관점을 제공해 새로운 인사이트를 줌

▶ 기발한 AI 이미지로 상상력을 키우고 싶은 분들에게 : 먹구름막그림

링크 : https://www.youtube.com/@inkcloud_official

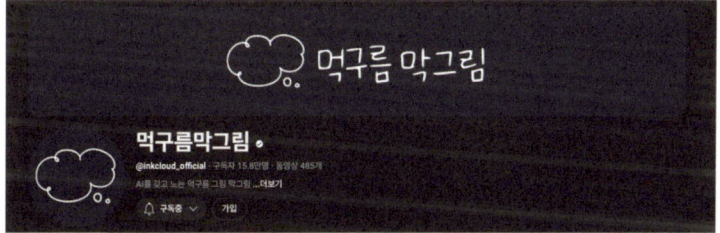

[추천 이유]

- 챗 GPT를 활용해 기발한 이미지를 제작하는 채널

- '안 신비한 동물사전', '인공지능아 더 해줘' 시리즈가 유명

- 숏폼 형태의 콘텐츠로 제공되며 재미와 동시에 상상력을 키울 수 있음

▶ 다양한 콘텐츠를 쉽게 만드는 법이 궁금한 분들에게 : 알린 ALINN

링크 : https://www.youtube.com/@ailifeinnovation

[추천 이유]

- 복잡한 기술을 친근하게 설명해 초보자도 이해하기 쉬움
- 인기있는 AI툴들의 숨겨진 노하우들을 알려줘서 유용함

▶ Tip 2 "작심삼일? 의지가 부족하다면 동료들과 함께 공부하세요!

구래 : 혼자 공부하려면 처음엔 열정적이지만 결국 흐지부지되는 경우가 많죠. 저도 AI를 처음 배울 때 그랬어요. 유튜브 몇 개 보고 "와, 이거 대박이다" 하다가 며칠 지나면 까먹고 다시 예전 방식으로 일하고 있더라고요. 그래서 찾은 방법이 스터디 모임이에요.

같이 공부하면 강제로라도 하게 돼요. 내가 좀 게을러지려고 해도 다른 사람이 하니까 따라가게 되거든요. 스터디 모임이라고 해서 거창할 필요는 없어요.

스터디 모임, 이렇게 시작해보세요.

- 소규모(3~5명)로 시작하기: 너무 많으면 흐지부지됨
- 각자 역할 나누기: 예를 들어 한 명은 강의 노트 작성, 한 명은 간식 담당 등
- 목표와 기간 설정하기: "두 달 동안 매주 한 번 점심시간에 모이자" 식으로
- 적용 사례 공유하기: 실제 업무에서 AI를 어떻게 활용했는지 이야기 나누기

사실, 스터디 모임에서 가장 중요한 건 함께하는 습관을 만드는 거예요. 누가 더 잘하나 경쟁하는 게 아니라 "이번 주엔 AI로 뭐 해보셨어요?" 같은 식으로 자연스럽게 대화를 이어가는 거죠.

▶ Tip 3 느슨한 연결, 오픈채팅방 200% 활용하기

독자 : 전 MBTI가 대문자 I라서 사람들과 직접 만나는 건 좀 부담스러워요. 그리고 스터디 모임을 하고 싶어도 주변에 AI에 관심 있는 사람들이 없어요.

구래 : 느슨한 연결을 활용하면 혼자 공부할 필요 없어요. 혼자 공부하면 작심삼일로 끝나기 쉽지만, 오픈채팅방처럼 정보가 계속 흐르는 공간에 있으면 자연스럽게 배우게 됩니다. 꼭 정해진 스터디 모임이 아니라 이런 느슨한 연결만으로도 AI를 충분히 익힐 수 있어요. 오픈채팅방의 장점은 부담 없이 정보만 얻을 수 있고, 필요할 때만 소통해도 된다는 것이에요. 꼭 활발히 대화를 나누지 않아도 다른 사람들이 공유하는 자료만 훑어봐도 유용해요. 오픈채팅방도 몇 개 추천해 드릴게요.

이렇게 활용해보세요.

- AI 관련 새로운 툴이나 기능이 나왔을 때 빠르게 정보 얻기
- 다른 사람들이 어떻게 활용하는지 사례 참고하기
- 궁금한 점이 있을 때 가볍게 질문 던져보기

[추천 오픈채팅방]

AI 프렌즈: 산업 AI 연구 교류를 위한 모임으로, 다양한 분야의 전문가들이 참여합니다.

- 링크: https://open.kakao.com/o/ggewxi2

AI 코리아 커뮤니티 공식방: 다양한 AI 관련 정보를 공유합니다.

- 링크: https://open.kakao.com/o/gwYQb0Ze
- 비밀번호: aikorea

[AI 그림 그리기] 미드저니 같은 AI 이미지 생성 도구에 대한 정보를 나누는 방입니다.

- 링크: https://open.kakao.com/o/gnRkhIFf

AI(챗 GPT) 글쓰기 연구소: 챗 GPT를 활용한 글쓰기와 관련된 팁과 노하우를 공유하는 곳입니다.

- 링크: https://open.kakao.com/o/gNCfy30e
- 비밀번호: chatgpt

▶ Tip 4 체계적인 학습을 원한다면? 온라인 강의 플랫폼 활용하기

독자: 유튜브나 오픈채팅방에서 정보를 찾아보긴 하는데, 체계적으로 정리되었다는 느낌이 들지 않아요. 제대로 배우려면 어떻게 해야 할까요?

구래: 유튜브 영상이나 오픈채팅방에서 정보를 얻는 것도 좋지만, 제대로 체계적으로 배우고 싶다면 온라인 강의 플랫폼을 활용하는 게 좋아요. 혼자서 여기저기 흩어진 정보를 찾다 보면 방향을 잡기 어렵거든요. 이럴 때는 전문가들이 짜놓은 커리큘럼을 따라가면서 배우는 게 훨씬 효율적이에요. 대표적인 사이트로 스파르타코딩클럽, 패스트캠퍼스, 클래스 101이 있어요. 플랫폼마다 강의 스타일과 구성이 다르니까 자신이 끝까지 들을 수 있을 것 같은 강의를 고르는 게 가장 중요해요. 너무 어렵거나 지루하면 포기하기 쉽잖아요. 자신에게 맞는 강의를 골라 한번 시작해보세요!

[추천 온라인 강의 플랫폼]

1. 스파르타코딩클럽

• 링크 : https://spartacodingclub.kr/

• 주요 특징 : 코딩 교육에 특화된 플랫폼으로, 비전공자도 쉽게 따라 할 수 있는 커리큘럼을 제공합니다.

• 강의 분야 : 웹 개발, 앱 개발, 데이터 분석 등 코딩 및 프로그래밍 관련

2. 클래스 101

• 링크 : https://class101.net/ko

• 주요 특징 : 크리에이티브 분야에 집중된 플랫폼으로, 다양한 취미와 전문 기술을 배울 수 있습니다.

• 강의 분야 : 디자인, 일러스트, 사진, 공예, 요리 등 창의적인 분야

3. 패스트캠퍼스

• 링크 : https://fastcampus.co.kr/

• 주요 특징 : 실무 중심 교육 플랫폼으로, 다양한 분야의 전문가들이 참여해 현업에 바로 적용할 수 있는 내용을 다룹니다.

• 강의 분야 : 데이터 분석, 프로그래밍, 마케팅, 비즈니스 등

▶ Tip 5 내게 맞는 AI 학습 계획 세우기 – 동기 부여부터 실행 전략까지

독자 : 유튜브도 보고 강의도 들어봤는데, 배운 걸 제대로 활용하고 있는 건지 모르겠어요. 효과적으로 학습하려면 어떻게 해야 할까요?

구래 : AI 학습을 시작하는 건 어렵지 않아요. 문제는 꾸준히 배우고 실전에 적용하는 거예요. 처음에는 배워야 한다는 생각으로 마음을 다잡고 시작하지만, 방향을 잃거나 바쁜 일상에 밀려 포기하는 경우가 많아요. 무엇보다 중요한 건 명확한 목표를 설정하고, 학습을 지속할 수 있는 환경을 만드는 거예요. 지금부터 AI 학습을 꾸준히 이어갈 수 있는 실전 전략을 알려드릴게요.

▶ AI 학습을 꾸준히 지속하는 4단계

    1. 목표 설정하기 – 나는 AI를 어디에 활용하고 싶은가?

    2. 학습 방법 선택하기 – 유튜브, 온라인 강의, 오픈채팅방, 실습 활용

    3. 실전 적용하기 – 업무나 개인 프로젝트에 직접 사용

    4. 지속적인 피드백과 개선하기 – 배운 내용 정리, 반복 학습

1. 목표 설정하기: '왜' 배우는지가 중요

비전 설정 – '미래의 나'를 구체적으로 그려라.

목표가 뚜렷할 때 사람은 훨씬 강한 동기를 갖게 됩니다. "AI를 배워

야지"라고 생각하는 것과 "AI를 배워서 업무 시간을 30% 줄이고, 남는 시간에 더 창의적인 기획을 할 거야"라고 구체적으로 설정하는 것은 차원이 다릅니다.

- "챗 GPT를 활용해 보고서 작성 시간을 단축하고 야근을 줄이겠다."
- "미드저니로 만든 이미지를 올해 상반기 마케팅 콘텐츠 제작에 활용하겠다."
- "AI를 활용해 평소 꿈이었던 동화책 작가로 데뷔하겠다."

이처럼 명확한 목표가 있어야 학습 방향이 잡히고, 꾸준히 이어갈 수 있어요.

2. 학습 방법 선택하기: 나에게 맞는 방식 찾기

AI 학습을 시작할 때 가장 중요한 것은 끝까지 할 수 있는 방식을 찾는 거예요. 아무리 좋은 방법도 지루하거나 부담스럽다면 금방 포기하게 됩니다.

- 목표를 설정할 때는 '마감 기한'을 함께 정하는 것이 중요합니다.
  - "AI를 배워야지"가 아니라, "2주 안에 챗 GPT로 이메일 자동화

기능을 설정하겠다."

- "언젠가 AI를 활용해봐야지"가 아니라 "한 달 안에 AI로 보고서를 요약해보고, 업무에 적용하겠다."

- 마감 기한이 정해지면 실행할 가능성이 훨씬 높아집니다.

• 혼자 하면 작심삼일이 되기 쉬운데, 스터디 모임을 활용하면 지속 가능성이 높아집니다.

- "스터디 모임 멤버들과 매주 월요일 점심에 AI 학습을 공유한다."

- "스터디 모임에 이번 주 실습 과제를 해가기로 약속했다."

학습 방법은 개인의 스타일에 따라 다르게 선택할 수 있어요.

1) 가볍게 시작하고 싶다면?

• 유튜브 영상으로 기초 개념 익히기

• 짧은 쇼츠 영상으로 AI 트렌드 파악

• 오픈채팅방에서 가볍게 정보 교류

2) 체계적으로 배우고 싶다면?

• 온라인 강의에서 커리큘럼 따라가기(패스트캠퍼스, 스파르타코딩클럽, 클래스101)

• 책이나 논문으로 깊이 있는 개념 익히기

3) 혼자 하면 흐지부지되는 스타일이라면?

- 소규모 스터디 모임을 만들어 함께 목표 설정하기(3~5명이 가장 적당)
- 매주 학습 내용을 공유하고 피드백 주고받기(온라인·오프라인 활용)
- 실제 업무나 프로젝트 적용 사례를 발표하면서 동기 부여하기

핵심은 '완벽하게 준비하는 것'보다 '일단 시작하는 것'입니다.

AI를 배워야 한다는 부담감에 아무것도 하지 않는 것보다 작은 실천부터 해보는 게 중요해요. 유튜브 영상을 하나 보고, AI 툴을 한번 써보고, 짧은 메모라도 기록해보세요.

그 작은 행동이 쌓이면, 어느 순간 AI를 자연스럽게 활용하는 자신을 발견하게 될 거예요.

3. 실전 적용하기: 배운 것을 바로 써먹고 적용하는 습관 만들기

▶ 학습 효율성 피라미드

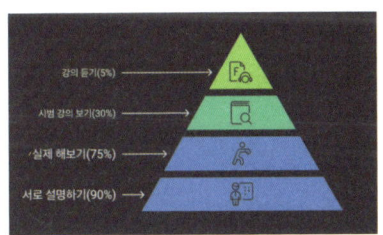

출처 : 미국 국립훈련연구소(NTL, 냅킨 AI 제작)

학습 피라미드Learning Pyramid는 학습 방법에 따른 지식 정착률을 시각적으로 표현한 개념입니다. 이 모델에 따르면, 학습자가 단순히 정보를 듣거나 읽는 것보다 적극적으로 참여할수록 학습 효과가 높아집니다. 직접 경험하고 실습하는 과정에서 이론적 지식이 현실에 적용되며, 학습 효과가 극대화됩니다. 또한 다른 사람에게 배운 내용을 설명하는 과정에서 학습자는 개념을 명확하게 정리하고, 부족한 부분을 보완하며, 깊이 있는 이해를 형성하게 됩니다. 즉, AI를 배우는 것만으로는 부족하고, 배운 것을 업무에 직접 써보고 정보를 공유해야 진짜 내 것이 된다는 뜻이지요.

• 작은 시도부터 시작해보세요!
  - '이걸 AI로 하면 더 빠를까?' 생각될 때마다 직접 시도해보기
  - 단순 반복 업무는 AI에 맡기고, 절약한 시간은 더 중요한 일에 투자하기
• 배운 내용을 공유하고 더 발전시키세요!
  - AI를 활용한 경험을 팀원이나 스터디 모임 멤버들과 공유하기
  - 적용해본 사례에 대한 피드백을 받고, 더 효율적인 방법 찾아보기

처음부터 완벽하게 하기보다는 일단 작은 목표부터 실행하는 것이

가장 중요합니다.

▶ AI 학습 계획서 템플릿

AI 학습을 효과적으로 진행하려면 구체적인 목표, 학습 방법, 실전 적용, 복습 계획까지 한눈에 보이게 정리하는 것이 중요합니다. 아래 템플릿을 참고해 본인만의 학습 계획을 작성해보세요.

• 개요
 - 목표: AI 활용법을 배워 문서 작성 시간을 줄이고 질적 수준을 높인다.
 - 학습 기간: 4주(주 1회 점심시간 학습 및 실습)
 - 진행 방식: 주 1회 점심 스터디(30~40분)
 - 학습 방법 : 유튜브 영상 시청 + 실습 + 스터디 피드백

• 학습 계획
1주차: AI 최신 활용 툴 학습
• 학습 방법
 - 페이퍼로지 유튜브 영상 "늦게 알면 폭풍 오열할 AI툴" 함께 시청
 - AI가 실무에서 어떻게 활용되는지 개념 정리

- 실전 적용 계획

  - 새로 알게 된 툴을 주간 미팅 보고 자료 작성에 활용

  - 기존 문서와 비교해 AI 활용 전후의 차이 분석

2주차: AI를 활용한 데이터 시각화 학습

- 학습 방법

  - 페이퍼로지 유튜브 영상 "PPT 차트 고민? 디자인부터 분석까지
    + AI 편" 시청

  - AI 기반 데이터 시각화 및 자동 분석 방법 익히기

- 실전 적용 계획

  - AI로 기존에 사용하던 데이터 리포트를 자동 생성 및 가공

  - 기존 방식과 AI 활용 방식을 비교해 시간 단축 및 효율성 비교

3주차: AI를 활용한 이미지 제작법 학습

- 학습 방법

  - 페이퍼로지 유튜브 영상 "AI로 뚝딱 만드는 미친 수준의 PPT 디
    자인 편" 시청

  - 미드저니 또는 달리 활용법 익히기

- 실전 적용 계획

- AI를 활용해 간단한 배너 또는 PPT 디자인 제작

- 기존 방식과 색상 조합, 폰트 선택, 레이아웃 구성 등 디자인 요
  소 비교

4주차: 실전 적용 및 회고

• 학습 방법

- AI를 활용한 문서 및 디자인을 공유하고 동료들과 피드백 주고
  받기

- 각자 AI를 적용하면서 어려웠던 점 및 개선할 부분 논의

• 실전 적용 계획

- AI를 실제 업무에서 어떻게 지속적으로 활용할지 계획 세우기

▶ 나의 AI 학습 계획서 작성하기

• 개요

- 목표:
....
- 학습 기간:
....
- 진행 방식:
....
- 학습 방법:
....

....

• 학습 계획

1주차 주제 :

- 학습 방법:
....
- 실전 적용 계획:
....

....

2주차 주제 :

- 학습 방법:
....
- 실전 적용 계획:
....

....

3주차 주제 :

  - 학습 방법:

  - 실전 적용 계획:

4주차 주제 :

  - 학습 방법:

  - 실전 적용 계획:

AI 덕분에 오늘도 칼퇴합니다

초판 1쇄 인쇄 2025년 4월 14일
초판 1쇄 발행 2025년 5월 2일

지은이 박소이
펴낸이 이범상
펴낸곳 (주)비전비엔피·비전코리아

책임편집 차재호
기획편집 김승희 김혜경 한윤지 박성아 신은정
디자인 김혜림 이민선 인주영
마케팅 이성호 이병준 문세희 이유빈
전자책 김희정 안상희 김낙기
관리 이다정
인쇄 새한문화사

주소 우) 04034 서울특별시 마포구 잔다리로7길 12 (서교동)
전화 02) 338-2411 | **팩스** 02) 338-2413
홈페이지 www.visionbp.co.kr
이메일 visioncorea@naver.com
원고투고 editor@visionbp.co.kr
인스타그램 www.instagram.com/visionbnp

등록번호 제313-2005-224호

ISBN 978-89-6322-226-4 03320